Bauwelt Fundamente 108

I0901834

Dieter Hoffmann-Axthelm

Die Rettung der Architektur vor sich selbst

Zehn Polemiken

vieweg

Die Deutsche Bibliothek – CIP-Einheitsaufnahme

Hoffmann-Axthelm, Dieter:
Die Rettung der Architektur vor sich selbst: zehn Polemiken / Dieter Hoffmann-Axthelm. – Braunschweig; Wiesbaden: Vieweg, 1995
(Bauwelt-Fundamente; 108)
ISBN 3-528-06108-1
NE: GT

Erste Umschlagseite:
Abriß und Neubau Unter den Linden, Rosmariengass, Berlin

Vierte Umschlagseite:
Haus Vaterland und Reste des Potsdamer Bahnhofs, Berlin 1972

Die Bauwelt Fundamente werden mit Unterstützung des Deutschen Architektur Zentrums DAZ herausgegeben.

Der Verlag Vieweg ist ein Unternehmen der Bertelsmann Fachinformation GmbH.

Umschlagentwurf: Helmut Lortz
Druck und buchbinderische Verarbeitung: Lengericher Handelsdruckerei, Lengerich
Gedruckt auf säurefreiem Papier

Printed in Germany

ISBN 3-528-06108-1 ISSN 0522-5094

Inhalt

I Standpunkt

II Zwischen Stadtplanung und Architektur

III Über die Grenzen

I Standpunkt

Warum ist die deutsche Architektur so subaltern?

Ja warum? Die Frage führt zwangsläufig in ein Schneetreiben, wo die Konturen verschwimmen. Brüchigeres Eis als das, auf das diese Frage führt, gibt es nicht. Man wird von vornherein zugeben, daß hier Gefühlsurteile noch den sichersten Boden abgeben. Warum läßt man die Frage dann nicht besser gleich wieder fallen?

Man kann es sich etwas bequemer machen und allgemeiner fragen: Was ist los mit der deutschen Architektur? Man blickt auf die Jungen. Das ist normal – in Paris gab es schon 1981 das Programm „40 Architekten unter 40". Der Blick auf die Jungen, nach vorn, verrät eine ganz gewöhnliche Unzufriedenheit mit dem gegenwärtigen Stand. Nationale Fehlzeiten sind erlaubt. Das französische Programm hatte das ungeheure Glück, gerade noch rechtzeitig zu kommen, um eine neue Generation zu lancieren. Inzwischen ist Paris, im Grunde zum ersten Mal in diesem Jahrhundert, ein Ort moderner Architektur geworden, nicht durch die Grands Projets, sehr wohl aber durch die Privilegierung eines kleines Kreises hervorragender Architekten (Nouvel, de Portzamparc, Perrault, Chemetov u.a.). Im übrigen ist es kein Makel, daß ein großes Land keine große Architektur mehr hervorbringt. Man hatte sich in den siebziger Jahren ohnehin daran gewöhnt, daß architektonische Impulse von den Rändern kamen: aus Portugal, Katalonien, dem Tessin (Siza, Mateo, Sola Morales, Snozzi usw.). Sowie sich eine solche Pflanze zeigte, stürzten sich Architekturmedien und Auftraggeber darauf, um sie weltweit zu verbreiten. Die Vermarktung zeigt beredter als alles andere, was man sich aus dem eigenen Bereich, den diversen Zentren, erwartete.

Der Unterschied zwischen Zentren und Rändern ist ein Beispiel, das hilfreich sein kann. Warum haben die Ränder – zeitweise – mehr zu sagen? Man kann vermuten, daß das mit ihrer Ferne zu den Zentren zu tun hat. Es gibt Erfahrungsmöglichkeiten, die besonders sind, die konkreter und bildreicher blieben als die weltweit verallgemeinerten – das

elektronische Leben – der Zentren. In eine ähnliche Richtung weist die gegenwärtige Aktualität der spanischen Architektur. Spanien ist europäisches Randgebiet, trotz seiner Größe. Spanien hat aber auch einen rasanten Übergang aus der bedrückenden ‚Obhut' des Franquismus in die liberale Demokratie hinter sich: Man hat Erfahrungen und etwas zu verarbeiten.
Wir sind damit schon mitten in der Diskussion, mithin dabei, die Ausgangsfrage als sinnvoll zu akzeptieren. Das zeigt: Kaum ist sie gestellt, weiß man intuitiv, daß sie auf etwas Reelles zielt. Also kann ich auch gleich die entscheidende Behauptung nachschieben: In Deutschland ist nichts normal, also ist der Blick auf die Jungen immer auch eine Variante des Blicks zurück auf eine auch für die Architektur katastrophal gewordene Geschichte.

Die Jungen sind die Urenkel der Moderne: die, die mit der deutschen Geschichte der ersten Jahrhunderthälfte keine Berührung hatten. Sie repräsentieren eine Nachwuchsschicht, die sich von der Anstrengung des Wiedereintritts in die internationale Architekturwelt erholt haben müßte. Aber auf welchen Schichten, in welchen Tiefen spielt sich das Historischwerden von Katastrophen ab? Wann ist die wiedergewonnene Normalität tatsächlich, und auch in bestimmte Tiefe hinein, normal? Ich suche im weiteren, bei der Beantwortung der Eingangsfrage, nicht die Beschreibung einer nationalen Schwächephase, sondern eine deutsche Besonderheit. Wer Freunde in andern Ländern hat, kennt eine ähnliche – selten offen gestellte, aber implizit allem Interesse an Deutschland innewohnende – Frage: Wie kommt es, daß ein Volk mit einer so großartigen architektonischen Tradition in der Gegenwartsarchitektur so mittelmäßig ist? So fragen die Italiener. Die Westeuropäer kennen die deutsche Kunst, Beuys, die Wilden, Kiefer usw. Wo, fragen sie, ist die dem entsprechende Architektur?

Ich versuche, mich in vielen kleinen Schritten heranzutasten. Wie beantworte ich die Frage europäischer Freunde? Ich stimme zu und rede dann von der deutschen Geschichte. Nur ist es auch mit der Zustimmung nicht getan. Vielmehr muß man wahrscheinlich auch die Frage noch interpretieren. Sie gibt implizit eine Beschreibung der deutschen Architektur mit, die etwa lautet: keine wirklichen Spitzen, in der Regel ein wenig hintennach, im Schlepptau der großen Konzeptentwicklungen, die von anderswo kommen.

Man kann erst einmal von der Qualitätsebene weggehen – Qualität ist da, gute Namen (Behnisch, Ungers, Steidle usw.) gibt es. Es sind auch nicht die technischen Möglichkeiten, Ausbildung und Qualifizierungs-

möglichkeiten, um die es geht. Symptomatisch ist eher der Fall High Tech – daß die konstruktiven Verfahren, die baulogischen Konzepte, die neuen Materialien in Deutschland entwickelt wurden, aber High Tech als Architektur anderswo entstand, in England. Das Nachklappen, daß man sich die architektonischen Themen von außen zuspielen läßt, gilt zum Beispiel auch nicht für das Thema Ökologie. Daß es hier nicht gilt, ist allerdings ein Fingerzeig. Dieses Thema hat nichts mit dem Bildproblem der Architektur zu tun.
Das Nachlaufen in den großen Bildüberschriften (italienischer Rationalismus, Dekonstruktivismus – Zaha Hadid, OMA, High Tech usw.) muß also als Symptom genommen werden, und dann sagt es nicht so sehr: Deutsche Architekten traben immer hinterher, als vielmehr: Sie haben vielleicht keine eigene Sprache und warten darauf, daß die anderen etwas sagen.

Ausdrucksmangel

Also – was fehlt einem? Wenn man von hier aus weiterredet, muß man die Qualitätsfragen ganz außer Acht lassen und sich auf Fragen zubewegen, die mit dem Zustandekommen von Architektur zu tun haben. Evidenz ist da schwierig und oft nur gegen Einzelbeispiele zu haben. Was ich sage, sage ich überhaupt nicht gegen einzelne Architekten, sondern über einen Grundtatbestand, der mich seit langem beschäftigt. Ebenso lange ist mir die Sache sicher – der Eindruck, die deutsche Architektur leide an einem grundsätzlichen Mangel an Ausdruck.
Ausdruck heißt, daß ein Inneres sich nach außen mitteilt. Persönliche Ausdrucksfähigkeit empfinden wir, wo Körper, Gestik, Mimik, Stimme, Kleidung, persönliche Umwelt durchsichtig oder direkt sprechend werden für unterliegende Befindlichkeit. Was drückt sich aus? Das Ausdrucksvermögen ist mehrschichtig, reicht vom frühesten Ausdruck der Hilfsbedürftigkeit bis zur beherrschten Aussage, es teilt Körperzustände wie Wachheit und Müdigkeit mit, und in ihnen Geisteszustände wie Neugier, Lebenslust, Freude, Gleichgültigkeit, Unlust, Depression, aber auch Willen und Anspruch. Ausdrucksarmut empfinden wir als Mangel, jemand wirkt schematisch, trocken, in schweren Fällen gestörter Ausdrucksfähigkeit wie erstarrt.
Überträgt man dieses Ausdrucksverständnis auf Architektur, dann begreift das keineswegs eine einfache Analogie Körper-Gebäude ein – ein Gebäude

ist gerade nicht beweglich (läuft, springt, verreist, steht und sitzt nicht), sondern gehört auf die Gegenseite, die der schweren, vor allem unbelebten Natur. Doch ist es für den Schritt zur Architektur konstitutiv, daß das Gebaute Projektionsfläche menschlicher Eigenschaften und Bedürfnisse wird. Wie Mauerflächen, Stützen, Öffnungen sich proportional, funktional (tragend, lastend, ruhend usw.), in ihren Form-, Farb- und Materialqualitäten äußern, ergeben sie ein Ausdrucksbild, das wie jeder Ausdruck schwer zu beschreiben und intuitiv sofort zu verstehen ist.
Historisch sind die Ausdrucksformen allerdings stets öffentlich, also allgemein lesbar gewesen. Der Ursprung öffentlichen architektonischen Ausdrucks ist der Kult. Die blendende und die medusenhaft schreckliche Seite des Göttlichen ist also die Ursprache der Architektur. Daraus haben sich die jüngeren Schichten architektonischer Sprachlichkeit herausgelöst, Gestik und Bedeutung. Der klassische architektonische Apparat ist ein über Jahrtausende gewachsenes und immer neu interpretiertes Ausdruckssystem, in dem sich über lange Strecken die gesellschaftliche Selbstverständigung vollziehen konnte.
Das Wegbrechen der gesellschaftlichen Seite ist allgemeines Architektenschicksal heute. Es heißt, daß keine gesellschaftlichen Botschaften mehr zur Verfügung stehen. Der Architekt ist mit sich allein und auf das subjektive Ausdrucksgelände angewiesen, das er selber mitbringt. Dieses Schwierigwerden des Ausdrucks haben alle gleich zu tragen. Aber es gäbe weder eine nie abreißende Regionalismusdiskussion noch den Blick auf nationale Architekturen und die europäischen Länder, wenn es nur noch um gleichgeartete, isolierte metropolitane Entwerferindividuen ginge. Es gibt keine verbindliche gesellschaftliche Sprache mehr, aber es gibt regionale und nationale Kulturen, in denen die jeweils besondere Geschichte, auch das jeweils besondere Architekturschicksal der Region oder des Landes, verarbeitet wird, ob die Entwerfer das wissen oder nicht.
Der deutsche Ausdrucksmangel ist insofern ein Kulturschicksal, das sich von der allgemeinen modernen Schwierigkeit noch einmal als besondere Ausdrucksunfähigkeit abhebt. Die deutsche Architektur schweigt natürlich davon. Sie schweigt vom Deutschen, von der Vergangenheit, von allem, sie ist beflissen neutral, nur Architektur. Daß sie schweigt und wovon sie schweigt, drückt sich nur über die Umwege aus, über die dieses Schweigen sich realisiert.
Der Ausdrucksmangel ist generationsspezifisch, und er ist architekturspezifisch. Das erste ist um so deutlicher, als gerade die Nachkriegszeit von extrem ausdrucksstarken Architekten bestimmt wurde: Schwarz, Scha-

roun, Döllgast, Leute noch aus der Generation der klassischen Moderne, die bis weit in die Blütezeit der alten Bundesrepublik hineinwirkten.
Daß der Mangel architekturspezifisch ist, zeigt der Vergleich mit der Kunst. Lange vor den Wilden gab es den unbeirrten Protest gegen die bloß formale Qualität und das Insistieren auf Ausdruck, z.B. Baselitz und Hödicke, es gab Beuys' rätselhafte Fähigkeit, den Dingen ihren Ausdruck zu entlocken, und es gibt, als Exponenten meiner Generation und jenseits jeden plakativen Fetischismus des Heftigen, der Geste, des Expressiven an sich, Kiefers Verarbeitung der traumatischen Ausdruckstechnik der Nazis.
Warum in der Kunst, warum nicht in der Architektur? Die Antwort liegt auf der Hand. Zwischen 1933 und 1945 ist manches Bild gemalt worden, das auch als sozialistischer Realismus oder als Arbeiterkunst hätte laufen können. Aber es wurde kein einziges Bild gemalt, das gut genug oder ausdrucksstark genug war, um bestimmte Möglichkeiten des Bildes oder das Malen von Bildern überhaupt zu traumatisieren. Das war für die Nazis auch kein Problem. Sie hingen, trotz der Ausstellung „entarteter" Kunst, nicht von Bildermachern ab. Mit Ikonen sind heutzutage keine Massen mehr zu mobilisieren. Anders in der Architektur. Sie stand im Mittelpunkt der nazistischen Inszenierung von Macht und Gewalt über andere. Die NS-Architektur in ihren verschiedenen Formen, als Platz, Aufmarschfeld, Lichtregie, Stadion, Reichskanzlei usw. mobilisierte in der Tat die Massen.
Das war auch keineswegs ein Mißverständnis zwischen Nutzern und Architektur. Einem Volk, das Schicksal, Untergang und rauchende Opfer wollte, wurde bereits in der Architektur genau das gegeben, was es wollte, nämlich die letzte historisch möglich gewesene Architektur, in der, wie sehr das auch nur noch Gips und Kino war, genau von den blutigen Verhältnissen und den Opfern geredet wurde, aus denen der Ausdruckskanon der Architektur kommt. Keine spätere Architektur konnte und wird noch diese kollektive Ausdrucksgrimasse mehr erreichen. Sie ist, weil sie von den Nutzern nicht zu trennen war, den übriggebliebenen Bauten (die Nürnberger Fragmente, das Olympiastadion, das Reichsluftfahrtministerium – heute Treuhand – usw.) auch gar nicht mehr eigen, die Sachen wirken heute roh, industriell, analphabetisch und banal.
Das heißt aber bis heute, daß man an dieser Architektur vorbei nicht vom archaischen Kern der Architektur reden kann. Man mag es steinerne Architektur, Tektonik, Typologie, Morphologie oder sonstwie nennen,

man kann immer nur durch das NS-Ultimatum hindurch davon reden oder davon etwas sichtbar machen.
Es ist auch klar, daß deutsche Architekten nicht mit Stirlings Ironie an dieses historische Paket herangehen können (siehe Stirlings Wissenschaftskolleg in Berlin mit seinen popfarbenen, schräg verwendeten Speer-Zitaten). Aldo Rossi soll einmal nach ziemlich viel Wein erklärt haben, der letzte große Architekt sei Speer gewesen. Als Mitglied der italienischen kommunistischen Partei konnte er freilich nur Henselmann als solchen bewundern. Es ist aber nicht nur leicht, beide im Werke Rossis wiederzufinden – ohne daß es darauf festzulegen wäre –; die Anekdote zeigt auch, um welche Sehnsüchte es geht, und daß man Nichtdeutscher sein muß, um davon, und sei es in einer schwachen Stunde, reden zu können.

Exkurs zum Generationenproblem

Womit wir es hier zu tun haben, ist das Problem der schrittweisen Entfernung vom traumatischen Ereignis und möglicherweise dabei zu erwartender Fortschritte. Jede Generation verhält sich dazu anders, formuliert ihren eigenen Standort, der davon abhängig ist, wieviel man von den historischen Voraussetzungen noch mitbekommen hat. Nur sind Generationen keine objektivierbare Phrasierung historischer Verlaufszeit, sie sind eher eine Folge möglicher perspektivischer Standorte. Diese Perspektivenbildung wäre auch sinnlos, wenn nicht im Kern die Erfahrung (oder Behauptung) der eigenen Generation und ihres Blickfeldes stünde. Es gibt jedenfalls in der Architektur so wenig wie anderswo eine einfache Entwicklungskontinuität, vielmehr überlagern sich Zeitgeistphasen, historische Ereignisräume und Generationen. In diesem Zusammenhang ist es interessant sich klarzumachen, daß die Generation der Bauhaus-Moderne durchweg vor 1900 geboren ist (Scharoun und Schwarz sind in der Gruppe die Jüngsten). Generationenmäßig ergibt es einen Sinn, wenn 20 Jahre nach Mies, im selben Jahr 1905, Speer und Henselmann geboren wurden.
Auffälliger sind die Spannungen innerhalb derselben Generation – Schmitthenner, Mies und Gropius im selben Feld. Und wann und wie Schmitthenner und Mies, Speer und Henselmann gebaut haben, war weitgehend durch historische Zäsuren bedingt. Aber der Architekturgeschmack – was den Auftraggeber von Speer oder Henselmann angeht – von Diktatoren ist seinerseits wiederum von Zeitgeist und Generatio-

nenfolge abhängig. Der NS-Geschmack wie die stalinistische Dekorationskunst entsprachen recht gut dem allgemeinen Geschmacksbild der dreißiger und vierziger Jahre auch in ganz unverdächtigen Ländern (Frankreich, Holland, Schweden, USA).
In Deutschland haben wir die Verdoppelung der Ahnenfolge, insofern wir nicht nur die klassischen Meister haben – Mies, Gropius usw. –, sondern aufgrund der besonderen Geschichte auch die Wasserscheide zwischen Tätergeneration und nachfolgender erster, zweiter, dritter, n-ter Verarbeitungsgeneration. Da beide Linien zugleich verfolgt werden, kommt es zu erst heute überschaubar werdenden Überdeckungen.
Hier interessiert die Abfolge der verarbeitenden Generationen. Die Wiederaufbaugeneration – das ist die Nachwuchsgeneration der Modernen wie Konservativen, die zwischen 1900 und 1920 Geborenen: Baumgarten, Eiermann, Ruff, Kreuer, Henselmann, Hentrich, Abel, Wiedemann usw. – war noch vom persönlichen Erleben besetzt, Mitmachen, Nichtmitmachen, Wiederanfangen mit gutem Gewissen und unverbrauchten alten Zielen. Interessant wird es erst bei der zweiten Generation, die, die um 1960 die Führung übernimmt. Dieser nächste Generationsschub ist der der zwanziger Jahre: Behnisch, Frei Otto, Düttmann, Ungers.

Die Generation der Leitfiguren

Es müssen eben, um überprüfbar reden zu können, Namen genannt werden, als Leitfiguren. Behnisch ist zweifellos eine. Behnisch ist das Schulhaupt und die dogmatische Instanz für eines der beiden Grundthemen: das Wegarbeiten des Materials. Daß das Material weggearbeitet werden muß, kann in Deutschland keine persönliche Obsession sein, sondern hat mit dem steinernen Bauen und der fatalen – obwohl banalisierten, filmischen – Ausdrucksfähigkeit der Naziarchitektur zu tun. Behnisch besteht nicht zufällig auf der – außerhalb des deutschen Problems unsinnigen – Gleichsetzung von Transparenz und Demokratie.
Es gibt im Werk von Behnisch einen tragischen Schnitt: der konstruktive Behnisch vor Erfindung der High Tech-Ästhetik, und der zwischen minimiertem High Tech, dekonstruktiven Impulsen und einfacher Glas-Stahl-Moderne schwankende Behnisch danach. Bei beiden Phasen aber empfinde ich eine letztlich übereinstimmende Ausdrucksangst. Das Technische, das Leichte, Schwebende wird auf seine konstruktiven Aspekte festgelegt, auf die technischen Optimierungen und deren Ästhetik. Dann

kommt ein Loch, das der abwesenden Gefühle, und dann unvermittelt die Bedeutungsschicht. Die Entsinnlichung, das Wegarbeiten von Masse und Erscheinung läßt dem Betrachter dann auch keine andere Wahl, als resignierend sich mit Bedeutung zufrieden zu geben. Man verzichtet auf Erfahrung (die ist zu gefährlich), und nimmt das ausgetrocknete Leichte, die entwirklichten räumlichen Qualitäten, wörtlich, als überprüfbare, wasserdichte intellektuelle Reaktion.

Wir haben, wie zur Bestätigung, auch die ideale Gegenfigur: Ungers. Ungers ist Schulhaupt und dogmatische Instanz für die Rettung der steinernen Architektur, und damit der Architektur überhaupt. Ungers verdrängt die Sehnsucht nach Monumentalität nicht, sondern tötet sie durch den perfekten Formalismus ihrer Erfüllung. So kann er axialsymmetrische Monumentalformen errichten, ohne daß auch nur allerkleinste Ausdrucksqualitäten (und damit die Gefahren der Ausdrucksnähe) übrigblieben.

Auch bei Ungers gibt es einen charakteristischen Bruch in der Entwicklung, den jungen Ungers, der noch relativ unbefangen nach Großformen und expressiven Massen sucht, und dem postmodernen Dogmatiker, der ein Ordnungssystem errichtet und in pedantischen typologischen Ableitungen entwirft (die konstruktiv dann meist nicht aufgehen). Dazwischen liegt nicht nur der Weggang von Berlin in die USA, sondern auch die Erfahrung Postmoderne. Von den frühen Kölner Wohnbauten, die an E.A. Gutkinds Bauten anknüpfen, bis zu den neueren und neuesten Realisierungen in Frankfurt, Karlsruhe, Bremerhaven, Berlin gibt es das Insistieren auf Monumentalität, Masse, Materialität des Backsteins und die ebenso hartnäckige Durchkreuzung durch strukturelle Überdetermination. An die Stelle der extensiven Serialität der früheren Arbeiten tritt jetzt aber die einfältige Figur des gemauerten, von regelmäßigen Öffnungen durchlöcherten Würfels.

Behnisch löst das Gebäude auf, schafft den Körper ab, der den Ausdruck tragen könnte. Ungers friert den Körper ein. Alles, ob klein oder groß, wird Momument, das Monument aber entsteht aus endlosen Reihen gleicher Elemente, die es für faschistischen Ausdruck so ungefährlich machen wie die Raster der sechziger Jahre, geht in Serie, wird damit absurd. Das Monument, das in Serie geht, ist einerseits absurd (das garantiert ein Minimum an Wirkung), andererseits garantiert tot.

In beiden Fällen scheint mir evident, was der Ausdrucksverzicht leistet. Ebenso evident scheinen mir die Kosten: ein Intellektualismus, der zwar gegen Versuchung schützt, aber den emotionalen Zugang verschüttet.

Beide Architekturen sind in der Wirkung gleich gefühlsarm, autistisch, kalt.
Daß diese Leitfiguren nicht das ganze Feld abstecken, versteht sich von selbst – das Feld hält ja auch keineswegs das Qualitätsniveau der Leitfiguren. Je weiter man sich aber in Richtung Beliebigkeit bewegt, desto unkomplizierter fällt auch der Grundtatbestand aus, der des Ausdrucksmangels. Nur überlappt er sich in der Regel bis zur Selbstverständlichkeit mit ästhetischer Unbedarftheit – der Ausdrucksmangel verschwindet unter der Masse schlechter Architektur.

Meine Generation

Ich versuche gegenüber der Schicht Behnisch/Ungers das Feld etwas zu verschieben in Richtung Jüngere. Die hier gewählte ist eine bewußt subjektive Markierung. Was ist die Architektur meiner Generation, der in Kriegsnähe (im zweiten Kriegsjahr, plus minus fünf Jahre, also zwischen 1935 und 1945) Geborenen? Hilmer, Sattler, M. Wilkens (Baufrösche) gehören schon dazu, auch Marg (und von Gerkan); Schultes, Steidle, Brandt, Ganz und Rolfes, Thomas Herzog liegen im Mittelfeld; Kollhoff ist gerade noch hinzuzunehmen.
Zu dieser Generation, die mit der Erfahrung der Zerstörbarkeit und des Überlebens mit wenigem aufgewachsen ist, gehört zweierlei: Das eine bestimmende Thema der Generation ist die Sehnsucht nach dem Provisorischen: daß einen nichts hindert, wegzugehen und woanders anzufangen, das Arbeiten mit sparsamen Mitteln, mit Substandards und mit Unterprivilegierten, Nutzen statt Rhetorik, Technik statt Masse und Aussehen, konzentrierte Aufmerksamkeit auf das technische Detail, größte Nüchternheit, Schlichtheit, Lakonik der Aussage. An diesem Punkt geht der Weg zwanglos aber auch in die Gegenrichtung, die der Sehnsucht nach Schwere, Gegenständlichkeit, Konkretheit, nach der Abbildlichkeit früher Erfahrung, nach unverrückbaren Bildern des Notwendigen, Architektur an sich.
Es sind vermutlich nur Zufälle gewesen, die den einen in diese, den anderen in jene Richtung getrieben haben, grundsätzlich scheint mir in der Generation beides gleich angelegt. Von einigen weiß ich es gewiß, wie der schwere steinerne Palazzo unter der puritanischen Prozeßarchitektur oder low cost-Inszenierung vergraben ist. Verallgemeinert man die Aussage über die Genannten hinaus, dann ist die eine Seite, die der

Monumentflüchtigen, ohne gemeinsames Leitidiom. Die andere spricht die lingua franca des italienischen Rationalismus.

Die Breite, in der letztere benutzt wurde, gibt zu denken. Kein von außen kommendes Sprachmuster ist in Deutschland so viel aufgegriffen worden. Nimmt man Rossi und Grassi als Exponenten, so wird bei etwas Nachdenken schnell deutlich, daß hier, bei den Erben Terragnis, ein ideales Angebot vorlag. Es handelt sich, erstens, um eine extrem ausdrucksarme Architektur. Architektur ist von den Rationalisten begriffen als Verwesentlichung, mithin Rücknahme von Gestik und Bedeutung – festgehalten ist nur die archaischste Schicht, in der kein Ich, kein lebendiger subjektiver Bewegungsdrang mehr wohnt. Das Haus ist im Ausdruck erstarrt, leere tragische Maske. Die Wirkung dieser Architektur ist die der Erinnerung an etwas ganz weit Zurückliegendes.

Es ist, zweitens, keine Stadtstruktur mehr involviert. Die Stadt wird gleichsam aufgegeben und durch ein Mal ihrer Erinnerung ersetzt. Die architektonische Konzentration auf den stereometrischen Körper macht ihn zu einem Bild, das oberhalb der realen Getrenntheit von Stadt und Einzelgebäude liegt: In ihm ist alles, was vorher Stadt, Beziehung zwischen Häusern und Bewohnern, Stadt und Land, Stadtbild und Weltbild, gewesen war, aufgehoben und ein für allemal ausgedrückt. Das Gebäude ist eine autonome Ikone des Erinnerten. Ihre Wirkung im gewöhnlichen städtischen Kontext ist wiederum die der Fremdheit und Ferne.

Dieser Ausdruckscharakter der Sprachlosigkeit, der Erstarrung und stehen gebliebenen Zeit war und ist für deutsche Architekten brauchbar. Rezipiert wurde der Rationalismus durch die mittlere Generation wiederum in einem durch Ungers geprägten Rahmen. Erkennbar wird das an dem Gewicht des Seriellen (Rossi zum Beispiel entwirft nicht seriell) und Methodischen, durchaus nicht nur bei Kollhoff. Es muß einfach noch eine zusätzliche Schicht Methode eingebaut werden. Das Ausmaß von Methode, wir wissen es aus der Psychoanalyse, ist Gradmesser der vorhandenen Angst. Hier erst recht. Bei Rossi ist das Feuer noch zu sehr spürbar, Speer zu nahe. Es müssen prinzipielle Sicherungen eingebaut werden, der serielle, vom Auge gefahrlos zerlegbare und zu tausend anderen ähnlichen Bauten zusammensetzbare Tempel, die Reduktion des irreversiblen Da des Baus auf moderne umstandslose Reversiblität. Damit ist natürlich die Sache hin.

Daß die andere Seite der Generation, die bild- und massenflüchtige Richtung, das Provisorische, nicht geschlossen darzustellen ist, liegt in der Sache. Das Weglaufen vorm Steinernen geht in viele Richtungen, keine ist obligatorisch. Es hat aber auch mit einem Loch im Mittelpunkt der Generation zu tun: Viele Architekten meiner Generation haben, gerade weil sie 1968 schon älter waren, einen Bruch erfahren, die Politisierung, die sie aus einer schon begonnenen Berufspraxis herauswarf (z.B. Reidemeister, Strecker, aus dem Umkreis der Ungers-Schule Kuhnert, Pampe, Neitzke). Soziale Erfahrungen, das Retten von Fabriken und Arbeitersiedlungen, Wohnungspolitik und Bauökonomie schoben sich an die Stelle. Das Wiederanknüpfen nach Verebben der bewegten Jahre war schwierig und brachte auch nur wenig, im Vergleich zu den direkten Karrieren (Steidle, Kollhoff).

Die generationsspezifische Teilnahme und Nichtteilnahme an dem lebenfressenden Unternehmen 1968 überdeckt sich also mit der unvermeidlichen Zielstreuung einer Generation, die im Zeichen des Provisorischen aufs Wesentliche zurückgehen will. Die wirkliche Sparsamkeit des Materials bei Bauten des Büros Thut oder der Baufrösche Kassel steht neben dem inszenierten Provisorium Steidles, die Überlebensarchitektur von Minke neben der anschaulichen technischen Ökologie von Herzog.

Es gab einen Augenblick, da war von meiner Generation, ad hoc, aus einem einmaligen Anlaß, Ausdrucksfähigkeit verlangt: der Wettbewerb zum Gestapo-Gelände in der Berliner Friedrichstadt. Ich habe bei diesem Wettbewerb eine gräßliche Erfahrung gemacht: Meine Generation verwechselt Ausdruck mit Symbolismus. Wenn sie wirklich einmal sprechen soll, dann liefert man – wenige Ausnahmen zugegeben – eher Kitsch (die ominöse Wunde), als daß man sich in Gefahr begibt. Und wenn man sich in Gefahr begibt, dann, ohne es zu merken und in naiver symbolischer Absicht (der damalige erste Preis).

Die Jungen

Wer sind die Jungen? Der obere Rand (die um 40 bzw. die um 1950 Geborenen) ist bekannt – Dudler, Noebel, Wohlhage/Léon, Albers etwa. Was die wirklich Jungen angeht, wird die Perspektive noch stärker biographisch – wer wollte schon zu wissen behaupten, was heute die jungen Architekten machen, also die ab 1960 Geborenen. Was heißt hier Urteilen? Von Begegnungen und entsprechenden Eindrücken muß die Rede sein, aufgrund von Wettbewerben und gelegentlicher Zusammenarbeit.

„meine Generation" ... (Entwurfswerkstatt Unterneustadt, Kassel, 4./5. Dezember 1993)

Ich häufe Symptome. Allgemein fällt mir die Überfrachtung mit Gedanken auf, mehr Mitteilung als Sache, und das als Gebäude Entworfene dann eher schnöde, fast nebensächlich, als enttäuschend eintönige, wenig nuancenreiche Form. Was an Zitat, Gedanke, Sprechen und Assoziieren da ist, ist an Wahrnehmungsfähigkeit abwesend, ja das, was ihnen vorschwebt, diese nur noch konzeptionelle Architekturauffassung, das scheint mir allgemein wahrnehmungsabgewandt, es drückt sich aus nur noch im Outfit der Entwerfer, in ihren schwarzen Jacken, Haarschnitten, ihrer Ästhetik der schnellen Bewegungen und schwarzen Würfel.
Was sie perfekt beherrschen, ist also, weil es Wahrnehmung weitgehend einspart, das Prozessieren von Wahrnehmung aus zweiter Hand. Das ist die zu Form schon verarbeitete Welt, die als Material aus Zeitschriften, Wettbewerbsergebnissen, Seminaren bezogen wird, übernommen von den Lehrern und Vorbildern, Koolhaas für die einen, Kollhoff für die anderen (Gehry ist schon viel zu komplex und situationsbezogen). Entsprechend geht die Anstrengung nicht mehr auf die unmittelbare Auseinandersetzung, sondern setzt am verarbeitet Übernommenen noch einmal neu an und stürzt sich ganz in die Perfektionierung des Durchspielens, in die Entfaltung von zweckfreier Entwurfskomplexität oder gar nur Darstellungskomplexität.
Daher die immer neuen Kombinationsspiele mit kompliziertesten Spielregeln. Der Raster, der bei Ungers, aus gutem Grund, zwanghaft ist, ist bei ihnen ein Spielzeug. Der Widerspruch zwischen Raster und konkretem Territorium wird gar nicht mehr empfunden. Daß beides nicht zueinander paßt, ist nur eine Sonderform eines Entwurfsdenkens, das grundsätzlich in Überschichtungen, Kombinationen, Collagen, also in der Manipulierung von Papierereignissen vor sich geht. Über das altmodische Entwerfen wirklicher Körper, das zuvor im Kopf zumindest in Umrissen geschehen ist oder begonnen hat, um auf dem Papier stellvertretend nachvollzogen zu werden – darüber ist man als Generation hinaus.
Weil alles auf dem Papier zugeht, ist man auch so schnell. So schnell kann ich kaum gucken, wie die neuesten Tendenzen schon wieder auf den Blättern auftauchen, formal perfekt, nur in der Anwendung knirscht es. Was an Qualität daraus entsteht, lehnt sich eng an die Meistergeneration an. Wie eigen ist das, was die Jungen machen? Bis heute ist es nicht eigen, sondern nur eine Verarbeitungsstufe weiter. Entstehen daraus einmal eigene Handschriften? Bleibt etwas übrig, wenn der Realisierungsstreß die graphische Schicht abstreift und gesagt werden muß, wo der Kern der Entwurfsidee liegt? Wir werden es sehen.

Innerhalb dessen scheinen sich – woher auch nicht – die beiden Grobtendenzen der vorangehenden Generationen fortzusetzen, mit jeweiligen Veränderungen. Einerseits, als Mehrheitsstrang, scheint mir die Auflösungstendenz verstärkt: Angst vor dem Sichtbaren, vor der körperlichen Formung. Das Provisorische ist kein Thema mehr: Das setzte noch einen unbedingten Gegenstandswillen, das Denken im wirklichen Objekt und im Verwirklichen, voraus. Was jetzt herrscht, scheint mir eher die Perfektion des Irrealen. Die konzeptionell gewordene Bauflüchtigkeit greift alle auf dem Markt kursierenden Eskapismus-Formeln auf: Geschwindigkeit, Licht, Durchkreuzung/Dekonstruktion. So haben wir imponierend viel internationale Sprachfähigkeit und wenig/keine eigene Sprache. Wir haben immer neu den Gang unter die Erde, gebrochen durch pyramidale oder ufo-förmige Oberlichter. Gebäude ragen schräg aus dem Erdboden auf, zwischen Auftauchen und Versinken. Wir haben virtuelle Gebäude aus fliegenden Teilen: spitzige, gewellte, gekrümmte Segeldächer, nautisch gestyltes Tragwerk, schräges Glas, schräge Stützen, spitzwinklige oder trapezförmige Grundrisse, über endlose Zuwegungen und Blickfluchten mit der übrigen Welt weniger vertäut als in prinzipielle Distanz gebracht. Alles das gibt es überall in der internationalen Szene: Auflösung von Baukörpern in Klimaschichten, von Fassaden in Bildschirme, Lichtarchitekturen (Lotus brachte kürzlich ein ganzes Heft dazu).
Und daneben die andere Richtung, die der Verdichtung des Bauwerks zum steinernen Block mit gerasterten Löchern. Auch das gibt es erstaunlich breit. Der Block ist rot oder schwarz, und anders als bei Rossi (Friedhof San Cataldo) ist er nie allein. Das Monument ist nicht mehr nur seriell, sondern es wird jetzt grundsätzlich in Serie geliefert, vom Fließband einer utopischen, architekturbesessenen Bauindustrie. Die Sehnsucht nach dem Stein ist weg. Statt dessen wird das Konzept des Steins durchgespielt, als Flucht nach vorn in die elektronische Endlosigkeit. Das Hantieren mit internationalen Größenordnungen in seriellen Abfolgen ist also völlig unschuldig, vom Nationalsozialismus so wenig beleckt wie von Kenntnis der Bauökonomie in der wirklichen Welt.
In dieser Unbefangenheit, wo Speer in Serie geht, ergibt sich denn auch eine doppelte Entleerung des Steinernen, Kilometer Lochfassaden, Arkaden, Blöcke, Hochhäuser. Wir haben Barren, Endlosbalken, schachbrettartig gesetzte Würfel, geometrische Objekte, die als archaische Relikte auf der Erde liegen, in einer Wüste aus leerem, perspektivisch gebündeltem Raum. Das ist ein Rausch der völlig toten Formen, der nicht mehr gefühlten Massen, bei dem es Unsinn wäre zu meinen – und dabei im

Stile meiner Generation in der Vorstellung zu schaudern –, das sei vorgestellt und auf Verwirklichung hin überprüft. Es ist Computerwelt. Die so kühl wie spielerisch in die Welt gesetzten Erzählungen sind ohne Sinnfälligkeit in Richtung auf Gebautes, ohne wirkliche Umsetzung – das Produkt, einmal gebaut, wäre absolut erzählunfähig. Man müßte sich danebenstellen und sich selbst die Erzählung vorlesen, die beabsichtigt war und im Wettbewerbsbeitext liebevoll ausgebreitet ist.

Weiterer Klärungsversuch

Zurück zum Ausdrucksproblem. Vielleicht sind das einsatzlose Spiel und die belanglose Tragik der Jungen die Vorbedingung für das Wiedererscheinen ganz anderer Wünsche und Möglichkeiten, insbesondere das Wiedererscheinen von Ausdruck. Was sich heute nicht zeigt, kann morgen unübersehbar sein, während wir heute die untrüglichen Vorzeichen übersehen, die man uns morgen vorwurfsvoll vorlegen wird. Das ist aber gar nicht das, was mich hier interessiert. Mich interessiert, was das heutige Ausdrucksdefizit für die vergangenen Jahrzehnte bedeutet. Was haben wir durchlaufen, welchen Prozeß durchlaufen wir noch? Gibt es eine Möglichkeit zu verstehen, was da mit der deutschen Architektur passiert? Es liegt nahe, sich nach Vergleichsmaterial umzusehen. Der Dreißigjährige Krieg war der erste große Bruch in der deutschen Architektur. Es hat ein halbes Jahrhundert gedauert, bis die deutschen Architekten sich davon erholten. Es folgte bekanntlich eine beispiellose Blüte. Ist die Situation 1945 bis 1990 damit vergleichbar? Schon ganz von außen fällt der Vergleich schwer: Nach 1648 übernahmen italienische Wanderarchitekten die Architektur. Nach 1945 kamen viele Moderne wieder zurück oder ans öffentliche Bauen, die anderen lernten nach. Der internationale Stil kam auch nur bedingt von außen, er kam auch einfach nur in eins seiner Entstehungsländer zurück. Der Schock des Dreißigjährigen Krieges überlagerte aber schon den Schock der Begegnung mit der italienischen Renaissance und unterbrach den Prozeß der Anverwandlung für zwei Generationen. Danach hatte man sich wieder gefaßt und konnte das eigene Thema virtuos im fremden Idiom vortragen: von Preußen in Form eines römischen Palazzos reden, ebenso vom Habsburgerreich oder von den geistlichen Fürsten des Reiches.
Der am weitesten reichende Unterschied scheint mir zu sein, daß man sich nach 1648 nicht schuldig fühlte. Es blieb keine Architektur zurück,

die schuldig geworden und als Ausdrucksmöglichkeit verbrannt war. Es verschlug den Deutschen aus eher äußerlichen Gründen die Sprache: äußerste Not, kein Geld zum Bauen, Bevölkerungsverluste, Verwahrlosung, unterbrochene Kontinuität. Das ist nach 1945 völlig anders gewesen und ist, trotz aller Unbefangenheit der Jungen, noch immer anders.
Der Bruch, mit dem die heute Jungen nichts mehr zu tun haben, war also sehr viel komplizierter. Einerseits ging alles weiter, andererseits war die Hauptsache aus anderen als innerfachlichen, immanent ästhetischen Gründen nicht mehr aussagbar. Die Architektur hatte Geschichte gemacht und sich dabei verbrannt. Darüber ist auch in zwei Generationen nicht hinwegzukommen. Es ist definitiv. Das Faktum ist weder der Ironie noch einer Wahrnehmungswendung wie der Postmoderne zugänglich.
Immanent ist das Ende der machtausdrückenden Architektur überall vor sich gegangen, und überall hat es – Asplund, Dudok, Perret, Muzio usw. usw. – Versuche gegeben, sich dem zu widersetzen. Daß das Ende definitiv ist, macht es nicht traumatisch. Man kann ironisch oder literarisch-zitierend darauf zurückkommen, man kann so tun als ob. Das ist, hat man das Ende einmal begriffen, erlaubt und hat nur mit der Ehrlichkeit des Faches hinsichtlich seines Kunstbezugs und seiner Authentizität zu tun. Die unmittelbare Verwicklung mit Geschichte, die Verantwortung für Menschenleben, ist damit nicht gegeben.
Das NS-Abenteuer der Architektur geht darüber hinaus. Daß Speer vom kriegswirtschaftlichen Baustellenorganisator zum Logistiker der Kriegswirtschaft aufstieg, ist das genaueste Bild dafür. In Deutschland gibt es die reine Fachgeschichte deshalb nicht, bzw. rein hat man sie nur als fremde. Das ist das Dilemma. Ob die drei Generationen Nichtbearbeitung bzw. Methodisierung und Routinisierung des Problems genug sind, um irgendwann wieder an einen Punkt zu kommen, wo eigenes Reden, also Ausdruck, also Reden vom gewesenen architektureigenen Unheil möglich ist?

Rückblick auf Berlin-DDR

Der Versuch eines Resümees muß vor allem eins tun: Widerstand leisten gegen das totale Verdikt, dem 40 Jahre Wiederaufbau Berlins durch die DDR zur Zeit unterliegen. Das fällt schwer. Denn daß wesentlich mehr zerstört als geschaffen wurde, steht außer Zweifel: Der Wiederaufbau der Innenstadt hat die Vernichtung nahezu der gesamten Altstadt gekostet, so wie der Aufbau von Marzahn die Verwahrlosung von Prenzlauer Berg bedingte. Bis heute haben die verantwortlichen Planer offenbar noch kein Gefühl dafür entwickelt, daß das, was sie neu hinstellen, in keiner Hinsicht ein Äquivalent ist für das, was sie wegreißen (das Abreißen ging bis zum letztmöglichen Augenblick), und daß diese alte Bausubstanz unwiederbringlich ist.
Was aber wurde innerhalb dieser Verklammerung von Neubauoptimismus und Raubbau in 40 Jahren DDR tatsächlich geleistet? Da sagt das Verdikt zu wenig, denn die neugebaute Stadt ist nun einmal da und wird sich nur langsam verändern lassen. Man muß sie so nehmen wie den Wiederaufbau von Dortmund, Hannover, Kassel, Stuttgart usw., als ein selbstzugefügtes Schicksal, dem kritisch zu begegnen wäre, erkennte sich nicht gerade in ihren Fehlern die deutsche Nachkriegsgesellschaft am deutlichsten wieder. Wenn Hannover, Braunschweig, Köln, Ulm usw. bleiben, wie sie sind, weil Geschichtsverlust im Kopf und Autofahrerdemokratie es so wollen, dann muß das gleiche Maß auch in Berlin-Ost angelegt werden: Es ist dieser Beton- und Rennpistenstadt, so unerträglich sie ist (aber sind Hannover, Kassel, Stuttgart usw. etwa erträglicher?), Trägheit, Selbstbestätigung, ja Akzeptanz zuzugestehen. Daß jetzt alles in Berlin-Ost auf die ‚Platte' schimpft, ist ein politisches Faktum, kein ästhetisches – warum sollte es dort mehr städtebauliche Einsicht geben als in Hamburg oder Kiel oder Hannover. Mit dem Realen wird man sich ganz schnell wieder aussöhnen.

Ich nehme im folgenden also eine Perspektive voraus, die die ist, mit der ich Berlin-West, Hannover, Kassel, Stuttgart betrachte. Die Kritik arbeitet sich ab am betonierten Vorhandenen, als getreuem Bild deutschen Bewußtseins, entwirft Bilder seiner Besserung, seiner neuerlichen Konfrontation mit der verdrängten eigenen Geschichte, und wird in die konkrete Planung nicht hineingelassen. Die Kritik sieht die Zustände mit einer Distanz, die sie bei der Mehrheit nicht voraussetzen kann, und entwirft im Namen einer besseren, schärfer blickenden Gegenwart, von der sie weiß, daß sie sich, wenn überhaupt, dann mit viel Zeitverschub Durchbruch schaffen wird.

Was in Berlin-Ost fehlt

Reden wir also nicht von der WBS 70. Die Platte ist das angemessene Instrument jener gesellschaftlichen Sprachlosigkeit, die die Stadt wiederaufgebaut hat. Die Plattenwerke kann man schließen (immerhin hat man das in Berlin-West ja auch geschafft, bloß viel früher), neue Ziegeleien im ehemaligen Ziegelland werden gebaut werden, oder die westdeutsche Ziegelindustrie schließt mit ihren inzwischen hoch spezialisierten Produkten die Lücke. Aber die Planungseinrichtungen, die Köpfe und Hände werden die gleichen sein, wenn man nicht, was unrealistisch ist, von einer flächendeckenden Übernahme durch westdeutsche Bauindustrie und Verwaltungskader ausgeht. Es wird gerade beim Versuch, nun alles anders zu machen. hervortreten, was dazu fehlt.

Was fehlt, ist, kurz gesagt, Baukultur. Das meint in diesem Fall dreierlei: Regulierungen des Bauens; eine sprachfähige Stadtkultur; ästhetische Subjektivität. Zu jedem ein paar Bemerkungen.

Regulierungen: Sie gibt es im ‚Westen' in Überfluß. Anarchie, Regellosigkeit ist hier ein Traumzustand. In der DDR, hat man sich immer vorgestellt, sei alles geregelt. Das Gegenteil ist der Fall. Es herrschte eine nicht nur mit anderen osteuropäischen Ländern, sondern auch Italien vergleichbare Mischung aus ineffektiver Bürokratisierung: alles vorschreiben, und praktischer Anarchie, jeder sieht zu, wie er durchkommt. Beides, Planungsdiktatur wie individuelles Durchwursteln, ist nur machbar unter Umgehung oder Demontage der üblichen gesellschaftlichen Regelwerke: Recht, egalitärer Markt, öffentliche Kontrolle, ästhetische Kultur. Regelwerke dieser Art enthalten die erreichten historischen Kompromisse einer Gesellschaft. Sie sagen nicht, was gemacht werden soll, sondern welchen

Bindungen sich derjenige, der etwas tut, unterwerfen muß. Diese Bindungen sind Konsens, sie bilden den Zivilisationsstand, hinter den man nicht zurückfallen soll.
Der Raubbau, den die DDR bei der historischen Bausubstanz betrieben hat, ist nur die Außenseite des Raubbaus an den vorhandenen Regulatorien. Wenn Befehlen ausreicht, dann muß weder diskutiert noch kontrolliert noch kritisiert werden. Die verletzten Normen geraten in Vergessenheit, und schließlich weiß man gar nicht mehr, wie man mit ihnen umgeht. Die Plandiktatur schafft ein Vakuum, das sich durch Abschaffung der Diktatur nicht auflöst. So entstanden massenhaft Gebäude, die sich über alle bürgerlichen Gepflogenheiten hinwegsetzen: Eigentumsrechte, Forderungen der Bauordnung oder des – vorhandenen – Städtebaugesetzes, die Entscheidungsstrukturen und Planungskompetenzen der Kommunalverwaltung, Denkmalpflege, erst recht über die – nicht vorhandene oder ignorierte – Öffentlichkeit.
Das sieht man den Ergebnissen auch an. Stück für Stück wurden die einmal üblich gewesenen Regeln von der Materialität des Bauprozesses aufgefressen. Was braucht man eine Bauaufsicht, die über zulässige Größen, Verknüpfungen, Sicherheitsstandards wacht, wenn alles in der präfabrizierten Platte schon enthalten ist? Wozu städtebauliche Rücksichten auf Bauflucht, Abstände, historische Parzellengrenzen usw., wenn die Plattenmaße dergleichen gar nicht zulassen, sondern ihre eigenen Regeln setzen? Wozu kommunale Entscheidungsstrukturen, wenn die Plattenproduktion das Wie, der Plan das Was und Wieviel bereits entschieden hat und von der Gemeinde nur noch der nötige Platz freizuschaufeln ist?
Stadtkultur. Im Haus des Gehenkten wird nicht vom Strick gesprochen. Und doch wäre es nötig. Die heutige ostberliner Opposition bezieht ihr Selbstbewußtsein aus ihrer selbständig erarbeiteten Stellung zu den Fragen von Prenzlauer Berg. Der Abriß der Gasometer an der Prenzlauer Allee gab ihr den Anlaß an die Hand, sich grundsätzlich von der staatlichen Baupolitik zu distanzieren. Aber ähnliches sehe ich für die zentraleren Bereiche nicht. Hier steht jener Aneignungsvorgang aus, der sich erst einmal die Verluste zu eigen macht.
Kein Verhältnis zur Zentrumsfrage in Berlin ohne ein Sich-Abarbeiten an den Zentralen des NS-Terrors. Der wichtigste das ostberliner Stadtterritorium betreffende Ort ist die Wilhelmstraße. Ihre kürzliche Bebauung auf Befehl der im Oktober abgehalfterten Parteispitze erfolgte vermutlich aus kurzfristigen Interessen: das offene Loch im Stadtbild nach

Westen prospekthaft zu schließen. Der Sache nach lief es darauf hinaus, auch jene negative Aneignung zu unterbinden. Zwischen beiden Ebenen gibt es aber eine enge Beziehung. Auch das zweite war, wenngleich weniger bewußt, gewollt: Nur wer sich der eigenen historischen Schuld stellt, ist fähig zu politischer Autonomie. Diese galt es, so oder so, zu verhindern. Damit ist für die Erben des Stalinismus die Sache heute doppelt verschüttet und noch schwerer zu greifen, und zwar beides: Schuld wie Autonomie. Aus dem gleichen Grunde käme es auch darauf an, die zentralen Stadtamputationen aufzuarbeiten, die das Regime durchführte: Schloß, Fischerkiez, Bauakademie. Nicht, daß beides vergleichbar wäre; aber auch der Umkehrschluß, diese Abrisse als unerheblich abzutun, ginge daneben. In diesen Abrissen herrschte genau jene Verdrängungslogik, die die DDR generell beherrschte: die Vorgeschichte abzuschaffen und damit auch die Gegenwärtigkeit der gesamtdeutschen Schuld. Wie genau der Zusammenhang ist, zeigt das dabei zutage geförderte Gespür für Qualität, das die kulturelle Reflexionsfähigkeit des Regimes vollkommen übersteigt und in seiner Genauigkeit nur als Gespür der Angst und des Ressentiments begreiflich ist. Immerhin hat die SED es verstanden, die beiden wichtigsten und besten Berliner Bauten, und das einzige erhaltene Altstadtgebiet mit teilweise noch mittelalterlicher Bausubstanz, bewußt und willkürlich und sinnlos zu vernichten. Mehr als durch alle Kriegszerstörungen ist Berlin dadurch zu einer Stadt endgültig ohne Mitte geworden, zu jener fließenden Häusermasse, die wir kennen. Die Trauerarbeit, die das in die eigene Gegenwart und in die Weiterarbeit an der Stadt hineinbringt, ist, da sie als öffentliche – und nur so ist sie wirksam – bisher nicht möglich war, erst noch zu leisten.
Wie das falsche Bebauen – Wilhelmstraße/Otto-Grotewohl-Straße – mit den Selbstverstümmelungen durch Abriß zusammengehören, so das falsche Restaurieren. Das für das Über-Ich dieser Stadt unersetzliche Schloß ist weg, aber den jeder architektonischen Kultur, überhaupt jeder Erträglichkeit entbehrenden wilhelminischen Dom hat man sich nicht entblödet, wieder, und gar noch ohne Kürzungen aufzubauen – „Denn Patroklos liegt begraben, und Tersites kehrt zurück".
Mit der Offenlegung dieser Verluste wäre man an dem Punkt, wo die Kruste bräche und Sprachfähigkeit entstünde. Das wäre dann der Anfang einer öffentlichen Auseinandersetzung um das, was die Stadt sein und werden soll, und erst so hat man die Minimalbedingungen von Stadtkultur erreicht. Ob aus solchen Auseinandersetzungen etwas entsteht, ist eine ganz andere Frage. Von hier aus ist auch die Frage der kommunalen

Kompetenz keine formaljuristische Sache. Erst wenn die Verwaltung ihre eigenen Regulatorien einhält, erhält die Öffentlichkeit auch die Möglichkeit, mitzureden und die Verwaltungsvorgänge in ein Klima einzubinden, das sie, und nur sie, vorgeben kann, eben das einer lebendigen Stadtkultur. Das bedeutet (für Ost und West) Neuland: daß Minderheiten, Bürgerinitiativen, Ausländer die Möglichkeit erhalten, ihren Teil an der Stadt einzuklagen, mitzureden.

Subjektivität: Die DDR-Bauorganisation hat es fertiggebracht, einen Beruf einzusparen, den des Architekten. Während man sich im Westen lange genug mit dem Berufsbild des omnipotenten Designers und Generalisten herumgeschlagen hat, ist hier alles verwirklicht, was sich die maoistischen Theoretiker Anfang der siebziger Jahre erhofften: der voll vergesellschaftlichte Entwerfer. Der ostberliner Bauproduktion fehlt in der Tat alles Subjektive. Sie ist allerdings auch nicht objektiv, wenn man darunter, wie in der mittelalterlichen Baukunst, eine Qualität versteht. Sie ist auch nicht nur, wie die westliche Architektur, von gesellschaftlichem Bewußtsein frei und gottverlassen. Sie ist auch nicht nur so roh und leer, wie Fertigteilarchitektur in der Regel zu sein pflegt.

Was sie auszeichnet, ist wirklich der Mangel an subjektiver Zuspitzung. Es gibt keine subjektiven Entscheidungen, keine Deutlichkeit, für die eine Person mit ihrer ganzen Anstrengung eintritt. Es ist Apparatarchitektur, wo keine Person Verantwortung übernommen hat. Es regiert nicht nur die Produktionsstraße, sondern auch die Angst, oder das Verbot, sich als Subjekt greifbar zu machen. Derselbe hölzerne Objektivismus ohne Schatten und Ecken, der die Sprache der DDR-Intellektuellen ausmacht (die Künstler ausgenommen, die durften anders reden), wo man unter der Masse der Panzerung nie weiß, was für eine Person da redet (öfter noch: schreibt) und was sie mit dieser Kombination von Sprachfertigteilen zu verstehen geben will, dieser Objektivismus zeichnet auch die entwurflichen Entscheidungen aus. Alles ist nur halb artikuliert, ungefähr. Was fehlt, sind die Details. An der Stelle steht eben das Halbe, die Dekoration von Kollektiventscheidungen, die in die Zone des Ja oder Nein, des Erscheinens oder Nichterscheinens, gar nicht erst vorgedrungen sind. Sichtbares Detail wäre greifbare Subjektivität.

Das Problem der Einförmigkeit wurde natürlich gesehen und bearbeitet. Die Lösung ist ein spannendes DDR-Spezifikum: Subjektivität ersetzt durch Abwechslung der Bezirks-Baukombinate. Wer die bezirklichen Abwandlungen der Grundform der WBS 70 kennt, kann durch die innerstädtischen Baugebiete der letzten Jahre, wie Wilhelm-Pieck-Straße oder

Frankfurter Allee, hindurchgehen und sich einen Spaß daraus machen, nicht subjektive Handschriften, sondern Bezirke zu unterscheiden, Rostock, Neubrandenburg, Gera usw.
So etwas hat für den freien Beobachter durchaus Reiz: Das Ungefähre, nur beinahe Stimmende der Anpassung des ungefügen Materials an historische Gestalt und an das konkrete innerstädtische Grundstück ist für die Wahrnehmung ein Stimulus, das Gemeinte im Kopf zuendezubringen und eingeklemmten Neubau und vorhandene Altbauten wieder zu einer Straßenfront zusammenzusehen, unter Würdigung der bezirklichen Unterschiede im Halbwegs-Treffen des Gemeinten. Das geht natürlich schon dann nicht mehr, wenn man sich den jeweiligen Bauabschnitt von hinten anschaut, und wenn man drin leben sollte und jeden Tag sich mit den nicht gelösten Anschlüssen herumschlagen müßte, wäre schnell jeglicher Reiz vorbei.
Nicht die Platte an sich erzeugt Subjektivitätsverlust (siehe Bofill in Paris, Wever im Haag, Sawade in Westberlin), sondern der gegen Wagnisse, Einfälle, ästhetische Abweichung abgedichtete parteiamtliche Planungsprozeß: das stalinistische Erbe. Daher gibt es auch keine immanenten Geschmacksgrenzen mehr. Später unwahrscheinlicher Höhepunkt der dekorierten Platte ist der (noch im Bau befindliche) ‚Kasachstaner Bahnhof' in der Friedrichstraße, eine Konsequenz im Entgleisen, die schon erstaunlich ist.

Exkurs: Was heißt in der Architektur Stalinismus?

Stalinismus ist kein Stil oder das Ensemble von Stilen unter der Herrschaft und zu Lebenszeiten Stalins, sondern ein besonderer Umgang mit Architektur und Stadtplanung. Er steckt deshalb weniger im Gebauten selber als in den Mängeln des Gebauten. Das Gebaute kann darum durchaus unterschiedlich – ‚klassizistisch' oder ‚modern' – sein und vielem Nichtstalinistischem ähnlich sehen. Gleiches gilt für die Absichten und Proklamationen der Planer und Architekten. Wenn man einen Schritt über die Identifizierung von Stalinismus und Zuckerbäckerstil hinausgeht, gerät man in ein komplexes Spiel unterschiedlichster Beziehungen und langfristiger Entwicklungen, von den zwanziger Jahren bis heute. Die Sache bekommt, wie das auch bei der Frage ‚Was ist Nazi-Architektur?' zu gehen pflegt, verwirrende Ähnlichkeiten mit ganz anderen, anscheinend unbelasteten Traditionen, und auch mit der NS-Linie, und doch geht sie nicht in diesen Verwandschaften auf. Es heißt hier, sich kurz zu fassen, und doch geht es nur so, daß man Punkt für Punkt die Gewebefäden abfragt.

Vergesellschaftung und Bürokratisierung

Zunächst steckt im stalinistischen Bauen ein zuverlässiges Stück linker Programmtreue. Die Vergesellschaftung der Bauproduktion – nicht die der Lebensformen – war einmütige Forderung der unterschiedlichen Stränge der Wohnungsreform-Bewegung.

Der Rückschluß auf die Arbeitsbedingungen des Architekten ist in der Typisierungsforderung enthalten, die wiederum aus Kostengründen unumgänglich war. Nur der beste Architekt sei imstande, die typisierten Elemente künstlerisch zu gestalten – eine Übertragung von Werkbundideologie auf den Wohnungsbau. Von der Urgewalt sich verselbständigender Typenproduktion machte man sich, mangels vorhandener Erfahrungen, noch keine Vorstellung.

Die Typisierungsforderung hat zugleich eine subjektive Seite, den Wunsch, als Architekt Konstrukteur der neuen Gesellschaft zu sein. Aus der schwärmerischen Ernennung des Architekten zum Weltverbesserer folgte wiederum, setzte man die Aufgabe des Aufbaus der neuen Gesellschaft als in der Sowjetunion gegeben voraus, die aketische Tendenz zum Arbeiten im Kollektiv, zum Verschwinden hinter der Aufgabe, zur Existenz als Rädchen im Apparat. All das konnte sich, wie das Beispiel der deutschen Architekten in der Sowjetunion beweist, ein moderner Architekt schmackhaft machen.

Daß das die Herrschaft des Apparats über die entwerfende Subjektivität und schließlich die Abdankung des Architekten bedeutete, hätte man aus dem Beispiel Sowjetunion ein für allemal lernen können. Aber zur Erfahrung der zwanziger und dreißiger Jahre gehört eben auch die unbeschadete, wiewohl vielfach enttäuschte Rückkehr der Westler. Die russischen Architekten hatten diese Möglichkeit allerdings nicht. Deutsche Funktionalisten konnten sie erst nachholen, als innerhalb des Wiederaufbaus nach 1945 in der DDR die Wende zum Zuckerbäckerstil erzwungen wurde. Es war nicht anders möglich, als daß sich Architekten wie Paulick oder Henselmann wiederum der Motivationen der zwanziger Jahre bedienten, jetzt allerdings in einem gefährlich verschärften Klima der Repression, der Jagd auf Abweichler, des Mißtrauens und der unbe-

grenzten Herrschaft jener Ignoranz der Apparatschiks, die die reale Form sozialistischer Gesellschaft der Architektenpersönlichkeit bildeten. Den Katechismus hieß es jetzt ums Überleben genau aufsagen: Arbeiten im Kollektiv, Unterordnung der verwöhnten bürgerlichen Subjektivität unter den Willen der Arbeiterklasse, Zurückstellen der kleinen ästhetischen Bedenken der Person hinter der großen kollektiven Aufgabe.
Zur Entlastung der Generation Henselmann muß man sagen, daß die Geschichte noch weitergeht. Auch die 68er Architekturstudenten und Jungarchitekten fühlten wieder das Bedürfnis nach Selbstaufgabe angesichts großer historischer Züge. Allerdings mußten sie mit dem vorliebnehmen, was der Kapitalismus anbot oder anzubieten schien, Vergesellschaftung pur, ohne kollektive Aufgabe. Die damaligen Großbüros und die damalige Fertigteilindustrie waren ihnen Grund genug, die gesellschaftliche Aufhebung der Architektenperson zu diagnostizieren. Beides war Fortschritt in Richtung Sozialismus, das eine würde die gewerkschaftliche Organisierung und Einreihung in den Klassenkampf der Architektenschaft erzwingen, das andere die rationale vergesellschaftete Form sozialistischer Architektur vorwegnehmen. Allerdings fand dieser epochale Schritt nur in *Arch+* und einer größeren Menge von Broschüren statt, die kapitalistische Baupraxis nahm die damaligen Ansätze sehr schnell wieder zurück.

Vorfertigung

Die Rationalisierung der Bauwirtschaft war eine beherrschende Forderung der zwanziger Jahre zumindest innerhalb der Berliner und der Frankfurter Wohnungsbauproduktion ab 1926. Wenn Martin Wagner 1917 die Typisierung des Kleinwohnungsbaus gefordert hatte, dann, um die Kosten zu senken. Es stellte sich aber heraus, daß die Typisierung des Entwurfs an der Handwerklichkeit der Herstellung nichts änderte. Eine wirkliche Rationalisierung, folgerte Wagner, brauchte sehr viel mehr Kapital, als die Bauhütten vorwiesen, und war technisch nur durch Vorfertigung zu leisten; alles andere mußte in Handwerkelei steckenbleiben.
In Frankfurt kam es unter Ernst May zwar zu konkreten Versuchen, aber erst der Wechsel in die Sowjetunion bot May und anderen das große neue Experimentierfeld an, das sie suchten. Die Faszination für die Sowjetunion war für May sicherlich die des großen, unglaubliche Massen – allein die Gruppe May hatte 700.000 Wohneinheiten zu schaf-

fen – bewegenden Planungsstaates. Die Enttäuschung war, daß man asiatische Bürokratie vorfand – man litt an dem Widerspruch zwischen der Rationalität der erstmals durchgesetzten Rationalisierung und der Unverantwortlichkeit des Apparats.
Daß Mißverständnis wurde unübersehbar, als 1931/1932 in der Sowjetunion die Stilwende einsetzte. Man kann diese Wende, deren deutlichstes Signal der Ausgang des Wettbewerbs für den Palast des Obersten Sowjets von 1932 war, ohne weiteres als Alibi des Stalinismus in Sachen Präfabrikation betrachten. In der Tat, die Wiederaufnahme des Verfahrens und die Überbauung der sowjetischen Städte in Plattenbauweise ist durchweg mit dem Namen Chrustschow verbunden, setzt also den XX. Parteitag voraus.
Die Sache könnte aber komplizierter sein. Die Wende zur Baukunst, zur traditionellen Monumentalarchitektur ging 1932 mit dem Verzicht auf Wohnungsbauprogramme zugunsten der forcierten Industrialisierung einher, während unter Chrustschow die Wohnungsbaulinie wieder aufgenommen wurde, mit der Folge eines massenhaften Stadtwachstums, das den aufgeschobenen Bedarf beschreibt. Den stalinistischen Akademismus kann man also als Kriegs- oder Krisenmodell des Stalinismus ansehen, die Fertigteilplanung als die technische, ohne Architektur auskommende Planungsnormalität. Daß der Stalinismus sich als Architektur dogmatisch äußerte, also kulturpolitisch ins Bauen eingriff, bezeichnet einen Riß im Planungsgefüge. Der Stalinismus ist auch mit Stalins Tod nicht zu Ende. Die von den deutschen Funktionalisten mit Recht unterstellte Zusammengehörigkeit von Platte und Planwirtschaft stellte sich in dem Augenblick wieder her, als die Sowjetunion politisch auf die Entscheidung von 1932 zurückkam und sich dem Wohnungsproblem als Teilproblem der Industrialisierung wieder stellte.
Dafür gibt es eine eindeutige Bestätigung, die Entwicklung in der DDR, und eine eindeutige Relativierung, die französischen Grands Ensembles. Die DDR-Linie ist nun zweifellos die einer ungebrochenen stalinistischen Kontinuität, weil hier mit aller wünschenswerten Reinheit politische Entmündigung, staatliche Monopolwirtschaft, ideologischer Dogmatismus und zunehmende Verschränkung von Mängelverwaltung und technischer Rückständigkeit den Zusammenhang von Planwirtschaft und Platte unausweichlich machten. Von Hoyerswerda (1957ff.) über die WBS 70 bis zum jüngsten Plattenbarock geht da auch eine klare Entwicklungslinie. Die französische Entwicklung andererseits ist gerade dadurch interessant, daß sie zweifellos nicht stalinismusverdächtig, aber auch kein funktio-

nalistisches Naturprodukt ist. Es sind die die rigorosen zentralstaatlichen Tendenzen innerhalb des staatlichen Sektors, die sich nach Kriegsende im frühzeitigen Einschwenken auf die industrielle Vorfertigung aussprechen. Die autoritäre Wendung durch den Gaullismus unterstützte diese Entwicklung, indem sie zeitweise die planification zur tragenden politischen Vokabel machte.
Offenbar braucht die industrielle Vorfertigung großen Stils wenn nicht den Stalinismus, so doch zumindest eine autoritäre Führungs- bzw. Verwaltungsideologie, um auf längere Sicht gedeihen zu können. In die gleiche Richtung weist der merkwürdige Ausdruckscharakter der bundesdeutschen Hochschulbausysteme der sechziger Jahre.

Monumentalismus und Bilderabhängigkeit

Der stilistische Umbruch in der Sowjetunion Anfang der dreißiger Jahre weist nun genau daraufhin, welche Inhaltlichkeit die Plattentechnik braucht. Die Affinität von Planung, Rationalisierung und Monumentalismus hat Speer beispielhaft dargestellt. Es reicht nicht, daß die Dinge sehr groß oder 500 m lang sind, sie müssen als Bilder brauchbar sein und ein Minimum an Ausdruck transportieren. Eben das leistet die totalitäre ‚Baukunst'.
Der Architekturanteil braucht nicht groß zu sein. Die architektonische Qualität von Sholtowskis Palladianismus (der Staatsbank von Moskau oder des Intourist-Gebäude von 1934) schoß weit über das Gebrauchte hinaus. Gebraucht waren riesige Plakate, Zeichentafeln ohne unnützes Detail: Türme, Kuppeln, Giebel, Säulen. Der totalitäre Gebrauch hängt an diesen Zeichentafeln aufgrund einer doppelten Enteignung, die angesichts des Groben und Ungefähren der angeordneten Formen einerseits die subjektive Verarbeitung der Formen durch den Entwerfer ausschließt, andererseits den Nutzern das Gefühl verweigerte, es werde etwas Bestimmtes greifbar gemacht. Im Nationalsozialismus wie im Stalinismus sind gleicherweise die Formen unbeteiligt, lasch, breiig, anders gesagt: durchlässig, im Sinne eines Siebes, auf den autoritären Rohstoff, die Herrschaftsgesten Turm, Kuppel usw. Man sieht den aufragenden Gesten zugleich immer auch an, daß sie ingenieursmäßig gerechnet sind und – in den dreißiger Jahren in Sowjetunion wie Nazi-Deutschland – die Mangelware Stahlbeton voraussetzen, als Status.

In Deutschland konnte man da, vom Nationalsozialismus zu den frühen Bauten des Stalinismus, auch in ungebrochener Kontinuität produzieren. Ein Fall für sich allerdings ist die Stalinallee, weil hier der Enteignungsprozeß noch einmal ganz von vorne durchexerziert wurde. Es ist aber keineswegs das Antimoderne oder der klassizistische Formenapparat, der bis heute an der Stalinallee verblüfft, sondern die Unkenntlichkeit der Formen aufgrund von Deplaziertheit und Verrutschen, ihre bürokratische Verordnetheit, die sie lustlos an ihrem Platz herumhängen läßt, etwa die dürren Säulchen an Henselmanns Tortürmen am sogenannten Frankfurter Tor (es war dort nie eines).

Henselmann ist dabei gerade nicht der Normalfall des Stalinismus, sondern die einzige Architektenpersönlichkeit der DDR, an die man sich, solange man in Kategorien von Architektur denkt, noch halten kann. Henselmanns Entwürfe der sechziger Jahre sind gerade dadurch spannend, daß sie die ornamentale Belastung fallen lassen, aber die Gestik weitertragen. Die Zentrierung des städtebaulichen Entwurfs durch ein redendes Monument war erklärtes Prinzip. Natürlich bewegte sich das in einem ganzen Netz von Traditionslinien. Dazu gehörten nicht nur die stalinistischen Turmbauten in Moskau oder der Jofansche Entwurf von 1932 für den Sowjetpalast, sondern auch die aufklärerische Tradition der sprechenden Architektur, und nicht zuletzt Bruno Tauts Stadtkrone. Die Zentralisierung durch eine bildlich fungierende Monumentalität entfaltete zugleich, wie schon in den vierziger Jahren in Moskau, entsprechende Zerstörungsenergien. Das Buchmonument der Leipziger Universität setzte die Zerstörung von Universität und Pauliner-Kirche voraus, der Berliner Fernsehturm die Beseitigung der Reste des Marienviertels (u.a. des barocken Gouverneurshauses), das Jenaer Fernrohr für Zeiss den Abriß des umgebenden Stadtteils – das Rostocker Segel wurde nicht gebaut.

Trotz aller entlastenden Traditionslinien zeigt sich daran, daß derartige Konzeptionen nur innerhalb autoritärer Regimes eine Chance haben, weil das ihnen innewohnende intellektuelle (wenn man so will: Boulléesche) Wahnsystem nur für deren Gebrauch einen Sinn abwirft. Keine Widerlegung, sondern eine, wenn auch weiter entlastende, Bestätigung ist es, wenn das bislang jüngste Kapitel dieser Geschichte wiederum im Mitterandschen Frankreich – dem der gaullistischen Republik – geschrieben wird. Und das gleich doppelt: Im Großsiedlungsbau hat Bofill die Linie der Errichtung von Wohnhäusern in der Form autoritärer Monumente wiederaufgenommen und, unter Verwendung von Fertigteilen, in einer die Moskauer Wohnbauten der vierziger Jahre ironisch übertref-

fenden Bedenkenlosigkeit, mit Wohngeschossen hinterfüttert. Parallel dazu hat die präsidentielle Repräsentationskultur unter dem Dach internationaler Wettbewerbe zur Errichtung einer Reihe von Monumenten geführt, die, mit dem Gestus der Postmoderne, noch einmal die Abstraktion der Architektur zum bloßen Plakat der Macht durchspielen: die Pyramide im Louvrehof, der Triumphbogen von La Défense und neuerdings, bislang nur erster Preis, die – welch ein Zufall – vier Türme in Buchform der neuen Nationalbibliothek am linken Seineufer.
Hier natürlich sind wir unter feinen Leuten, die Symbolik riecht nicht nach Gips, sondern glänzt in Stahl und Glas, nahezu immateriell. Es ist vielleicht gerade deshalb nicht ganz unnütz darauf hinzuweisen, daß es hier nicht um Architektur geht, sondern um Machtcodes. Natürlich ist das im demokratischen Frankreich politisches Spielzeug, das niemanden mehr das Rückgrat oder gar das Leben kostet. Aber deshalb ist für die Architekten der Fall autoritären Mißbrauchs doch keineswegs vom Tisch. Nicht zufällig entspricht dem politischen Stil die Dürftigkeit, teils Lächerlichkeit der vom Präsidenten ausgewählten architektonischen Einfälle. Es spricht nicht für die Architekturkritik, daß sie, von der Analyse autoritärer Formen und dem Unterschied zwischen Architektur und staatlichem Gebrauch architektonischer Zeichen offenbar überfordert, statt ihre Ratlosigkeit zuzugeben, sich in peinliche Ergriffenheit flüchtet.

Kleinbürgerlicher Radikalismus

Bruno Tauts Forderung nach der Stadtkrone enthält nun allerdings noch etwas, das in der Architektur der sprechenden Monumentalzeichen nicht vorkommt: die kleinbürgerliche Sehnsucht. Es ist die Sehnsucht nach einer unbedingten kollektiven Ordnung, in der der Egoismus des liberalen Marktes aufgehoben ist und Solidarität als sichtbare soziale Form mütterlich die Menschen umfängt. Es herrscht hier also eine Unruhe und ein Drang zu deutlicherer Bildlichkeit, der in der intelligenten Zeichenpraxis des französischen Präsidialregiments ganz unpassend, ja peinlich wäre. Daß Bruno Taut keinerlei Zweifel daran hatte, daß die Architektur dazu da sei, das Gewünschte herzustellen, setze ich als bekannt voraus. Die kleinbürgerliche Unruhe ist ambivalent. Im Falle Bruno Tauts und einiger Weggenossen hatte sie eine glückliche Familienherkunft. Die andere Seite hat man bei Speer: der Instinkt für den schlechten Geschmack mörderischer Kleinbürger, Prunk, Maßlosigkeit und Kälte als bloßes Organisations- und Dekorationsproblem, als technische und psychologische Massenregie. Auch er entwarf eine Stadtkrone, die der Hauptstadt Germania.

Die meisten stalinistischen Bauten haben leider mehr mit Speer als mit Bruno Taut zu tun. Henselmann ist näher an Taut. Das ist keine Frage der Architekturqualität, sondern des unbedingten Zeichenwillens und Zeigenwollens. Wie Max Taut sicherlich gegenüber Bruno Taut der bessere Architekt war, so hat Henselmann wiederum in seiner stalinistischen Zeit nichts hinterlassen, was Brunos Maßstäben genügen würde. Und doch steckt in Henselmanns Vorstellung der Stadtzentrierung gerade die brunonische Version der Stadtkrone. Bruno war sicher radikaler: Er sagte es, daß die Stadtkrone ein Phallus ist, und wenn er die Stadt ins Land auflösen wollte, dann wollte er auch den Phallus ins Weibliche erlösen. Aber zumindest der Fernsehturm ist in dieser Hinsicht lesbar geblieben, auch wenn sich die Akzeptanz in Ost- und Westberlin nicht die Mühe macht, das ins Bewußtsein zu heben. Man sehe sich dazu ein Seitenstück zu Bruno Tauts architektonischer Phallussammlung im Stadtkronenbuch an, unter den Zeichnungen Hermann Finsterlins, die dieser 1919 in der Berliner ‚Ausstellung für unbekannte Architekten' im Graphischen Kabinett Neumann ausstellte, den Entwurf eines ‚Fernsehturms'. Natürlich ist das Phallische hier – Finsterlin war kein Architekt – unarchitektonisch ausgearbeitet. Architektonisch ist das die Frage, wie bzw. worauf der Turm steht. Henselmanns Entwurf von 1959 unterschied Stand- und Spielbein und stellte einen seinerseits schwebenden schwarzen Kasten davor; am fertigen Turm dagegen haben wir in der analsadistischen Spitzigkeit der unglaublich peinlichen Betonzacken der ‚Fußumbauung', die das platte Aufgeständertsein des Turmes auf der Erde schamhaft verdecken, wieder das Finsterlinsche Schamhaar.

Auch wer die sexuelle Lesart ausschließen möchte – aber man lese bitte erst einmal Bruno Tauts eigene Worte –, wird zugeben müssen, daß die Gesamtveranstaltung etwas retardiert ist. Angesichts des Strukturellwerdens aller Verhältnisse, der Auflösung aller tradierten Gestalten, der Atomisierung der Stadt und der Lebensverhältnisse ist es albern, in die Mitte einer von Autobahnen durchfurchten Stadtlandschaft einen Turm zu setzen, als wäre man noch ein kleiner Junge. Daß Aldo Rossi die Stalinallee als letzte große Straße Europas bewundert, zeigt nur, daß dieses Heimweh nach sakralen Architekturmalen nicht so schnell ausstirbt.

Die Intensität des Bedürfnisses macht andererseits das Ausmaß an Abhängigkeit von der Fiktion verständlich, man baue an dem kollektiven

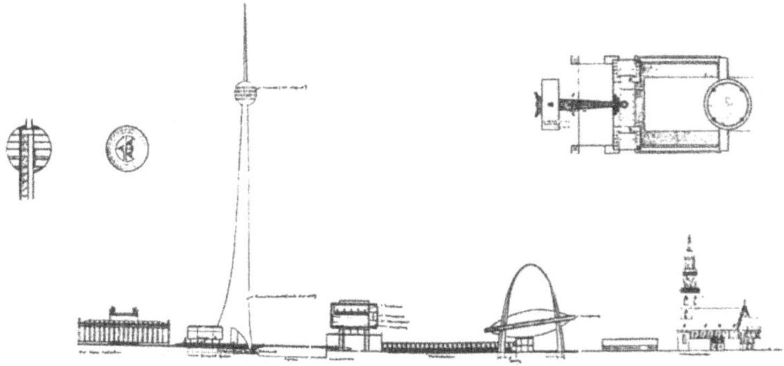

Hermann Henselmann, Wettbewerbsentwurf für das Stadtzentrum, Berlin, 1959

Gebäude der sozialistischen Gesellschaft. Zu einer Zeit, als das Ende der großen gesellschaftlich sprechenden Monumente unübersehbar war, hat der Stalinismus, wie auf seine – weit furchtbarere – Weise, der Nationalsozialismus, jenen kleinbürgerlichen Leidenschaften, die sich mit der gesellschaftlichen Stummheit durchrationalisierter Verhältnisse nicht zufriedengeben wollten, eine – ungemütliche – Heimat geboten.

Dogmatische Praxis: die besondere stalinistische Form

Mit dem kleinbürgerlichen Anschauungsverlangen ist man schon arg am Rande des innerhalb des Kontinents Möglichen. Alles bisher Gesagte geht aber ohnehin darin an der Sache, dem Stalinismus, vorbei, indem es sich noch zu sehr an einem subjektiv oder politisch kontrollierten Verhältnis von Ausdruck und Bedeutung orientiert. Stalinismus ist aber keine Sache der besonderen Form, sondern eine Weise der Enteignung, des enteigneten Funktionierens der auch anderswo und in anderen Zeitströmungen vorhandenen autoritären, populistischen oder technokratischen Motive. Stalinismus ist Herrschaft des Kadersystems über das Sachinteresse. Das ist eine ständige Übung im Zurückstellen. Alles kann zurückgestellt werden, die eigene Person mit ihren Gefühlen und Einsichten sowieso, aber auch die Ökonomie, die Wahrheit, die Moral, die Geschichte, die Solidarität, wenn es der Sache dient. Da es auf diese Weise nichts Unmittelbares, keine durchschlagende Notwendigkeit mehr gibt, nur eine unabsehbare Folge von Anpassungen, sind es im wesentlichen Willkür und Repression, die entscheiden, was wirklich ist.
Architektonisch zeigt sich das nicht als Stil, sondern als Vergröberung, als Passendmachen der dem System angetragenen Motive. Es ist vor allem die Maschinerie des Zermahlens von Individualität, des Abschleifens der Einfälle, alles frei sich Bewegenden, die sich im Endprodukt ausdrückt. Man verwechsle das nicht mit der Platte. Die unglaubliche Macht der Großtafelproduktion erklärt sich einfach daraus, daß es die erste Technologie ist, mit der es immerhin läuft (das System ist tödlich, aber man hat es wenigstens im Griff). Der Abschleifungsvorgang dagegen ist ein sozialer (und auch ein innerpsychischer, als Selbstzensur ablaufender) Selektionsprozeß, der alles Subjektive absaugt. Es sind sozusagen nur Rudimentär-Ausdrücke zugelassen, wie eine Sprache, die ohne Personalbindung auskommt und nie so deutlich wird, daß zu entnehmen wäre, jemand habe Ja oder Nein gesagt.

Stalinismus ist nicht das Ergebnis, also weder, zum Beispiel, Stalinallee noch Nikolaiviertel, sondern dieser Verarmungsprozeß, in dem die stalinistische Bewußtseinsübung abgehandelt wird: die Verarmung, die man auf diese Weise systematisch produziert, im Namen des Ideals wider alle Evidenz als das Bessere zu verklären und zugleich unterwürfig dem Materialreichtum, der formalen Entwicklung und den Techniken des Feindes hinterherzulaufen. Als souveräne Architektur hat der Stalinismus nie existiert: Er hat keine neuen Bilder erfunden, sondern Selbständigkeit nur mit austauschbaren Vergangenheiten simuliert. Wie Speer, ist auch das stalinistische Bauen in der Nähe Stalins im wesentlichen Kino gewesen, um dann, mit dem Ausscheiden aus der Kultur, Planungsbürokratie zu werden, die in der Spätzeit zur industriellen Reproduktion von Heimat und Konsumentenstolz mit Kitsch durchsetzt wird. So zeichnet sich an der benutzten Bilderwelt die Lebenskurve des Regimes ab: Während Henselmann noch über die Stadtkrone das Ideal zur Erscheinung bringen wollte, sind Nikolaiviertel und Friedrichstraße der verklemmte Versuch, durch die Absurditäten der eigenen Bauproduktion hindurch den Protz des gemeinsten Wilhelminismus zu reproduzieren. Tiefer hinab konnte es nicht mehr gehen.

*

Zurück zum Thema: Was wurde geleistet?

Hier kann nicht summiert werden, was quantitativ vorhanden und damit Voraussetzung aller weiteren Stadtentwicklung ist: Anzahl neu errichteter Wohnungen, Infrastruktureinrichtungen, Regierungs- und Industriegebäude. Da immer nur das eine auf Kosten der jeweils ausgeschlossenen anderen errichtet wurde, Zerfall und Neubau sich in der Vergangenheit ein Rennen lieferten und auch in Zukunft – die massenhaften Bauschäden der Plattenbauten, die wärmedämmenden Nachbesserungen usw. sind vorprogrammiert – liefern werden, wäre hier eine Ergebnisübersicht ohnehin kaum möglich. Die bloßen Zahlen, mit denen die ostberliner Planer anderswo Aufsehen erregten, verschweigen, für sich genommen, mehr, als sie zeigen.

Vielmehr geht es um den Entwicklungsstand und die Ansatzpunkte fürs Weitere. Was wurde erreicht? Unter diesem Blickwinkel ist das Deprimierende, daß sich die Entwicklung des Bauens in der DDR als negativer

Lernvorgang darstellt: als Abbau und Verlernen, als zunehmender Verlust von Qualifikationen und Qualitäten. Statt daß in den vierzig Jahren Qualifikationen von Architekten und Bauarbeitern aufgebaut worden wären, wurden die vorhandenen zerstört und ganze Generationen um jede Chance der Selbstverwirklichung gebracht. Die heutigen Baufacharbeiter, Architekten und Stadtplaner haben zu wenig lernen können, haben mit dem, was sie wollten, nur negative Erfahrungen gemacht – daß sie nichts so machen konnten, wie sie wollten –; es muß praktisch bei Null angefangen werden.

Unter Architektur das Sichaussetzen subjektiver ästhetischer Verantwortlichkeit verstehen – gibt es so etwas überhaupt in Ostberlin? Mir fallen eigentlich nur wenige Gebäude ein, die ich ohne Bedenken in einen Architekturführer aufnehmen würde, nur als das Gebaute selber, ohne sie als Dokument für diesen oder jenen politischen Zusammenhang erklären zu müssen.

Das einzige von keinem Zweifel geplagte ist der Neubau der Stadtbibliothek in der Breiten Straße. Das ist ein extremer Glücksfall, gut eingepaßt, durchsichtig, luftig, angenehm, ohne gezwungene Archaismen und Modernismen (Heinz Mehlan, 1964). Aus jüngerer Zeit nenne ich einerseits drei Beispiele anonymer Stadtarchitektur: die angenehmen Bürobauten in Fertigteilbauweise im Block Tauben-, Charlotten- und Jägerstraße am Gendarmenmarkt, mit gutem Detail; zu nennen wäre der Erweiterungsbau der Bauakademie in der Wallstraße, ein Gebäude, das die angestrebte Bauform (Rückgriff auf Geschäftshausfassaden um 1900) tatsächlich realisiert; der konstruktiv interessante Neubau Roch- Ecke Dirksenstraße für die Energieversorgung Berlin, der sich erfolgreich an Grenanders benachbartem BVG-Gebäude orientiert. Andererseits ist das Großtafelhaus Friedrichstraße 56 zu nennen (Peter Meyer), auf das einen ostberliner Architekten mit einigem Stolz hinweisen, weil es bewußt Zeichen subjektiver Distanz gegen die WBS 70 stellt: einige Leichtigkeit im Detail und die – sonst in Ostberlin (vom Schwimmbad der Japaner an der Leninallee abgesehen) so abwesende – Farbe.

Im Städtebau ist die interessanteste, am meisten beschäftigende Leistung immer noch die Stalinallee. Es fällt schwer, sie unter dem Titel Architektur zu verhandeln. Die gesellschaftlichen Bedingungen, die das Subjektivitätsverbot der Großplattenzeit ausmachen, sind hier, in der Architektur des reinen Stalinismus, bereits versammelt. Der Architekt verleugnet sein Wissen um die Forderungen der Aktualität, des Entwicklungsstandes, der Technik, vor allem der eigenen ästhetischen Ansprüche, er denunziert

Berliner Stadtbibliothek, Postkarte, 1969

sich selber als bürgerlich und unterwirft sich, Programmerfüllung im Namen des Volkes behauptend, dem kleinbürgerlichen Kinogeschmack der politischen Spitze. Die Stalinallee ist sicherlich für den Historiker ein interessantes Dokument, und kraft ihrer Buchstabierung Schinkelscher Formen und Berliner Eigenheiten sind gerade Henselmanns Eckplätze – Straußberger Platz und Frankfurter Tor – die einzigen Fälle, in denen die Ausbildung eines im Gedächtnis haftenden Stadtbildes gelang. Aber Architektur ist das nicht. Die Formen sind tot, nur vorschriftsmäßig exekutiert, ohne subjektive Beunruhigung. Insgesamt ist die Stalinallee bis heute ein Fremdkörper, der den städtebaulichen Zusammenhang des Bezirks Friedrichshain zerschneidet. Es wird energische Korrekturen brauchen, um diese Straße in Zukunft einmal mit dem umgebenden – bis heute seinerseits grausig zerstörten – Stadtgeflecht zu verknüpfen.

Das in den sechziger Jahren errichtete neue Stadtzentrum kombiniert die Abwesenheit des Architekten nun noch mit industrieller Bauweise. Auch unter Absehung von den Abrissen und Verleugnungen, die dieses neue Zentrum kostete, ist hier nichts entstanden, was für sich Bestand hätte. Dieses Zentrum mit seinen riesigen Flächen ist nicht gerade unmenschlich – zur Nazi-Version fehlt die gekonnte propagandistische Zusammenfassung des Raumes als Aufmarschgelände –, aber es ist in einem privaten, subjektiven Sinne unerträglich: Es erschöpft einen einfach. Die funktionalen Vorzüge – Mischung von Gesellschaftseinrichtungen und Wohnen im Stadtzentrum – übersehe ich dabei keineswegs. Die Wände des Fernsehturmplatzes – Ausländer sagen zum ehemaligen Marienviertel einfach „Alexanderplatz“, weil sie keine Unterscheidungen mehr wahrnehmen – haben durchaus auch einen guten architektonischen Anstand, sie sind städtischer als alles, was im Märkischen Viertel herumsteht. Aber das Ganze ist keine Lösung, nichts, was so bleiben könnte.

Das kann man vom Gensdarmenmarkt/Platz der Akademie nicht sagen. Hier ging es darum, die alten Gebäude aufzurichten und den Platz wieder mit Wänden zu versehen. Das ist geschehen, in der Randbebauung durchaus mit dem Ehrgeiz historischer Anpassung. Woran man sich anpaßte, ist bezeichnend: an den Wilhelminismus. Möglicherweise ist das ein Geschmacksbild, das den ehemaligen DDR-Gewaltigen schon von den Großeltern in die Wiege gelegt wurde. Weiter jedenfalls als bis zur großelterlichen Möbelschnörkelkultur reicht die Wunschbildung nicht. Dabei sind an einzelnen Gebäuden auch interessante, klar geformte Fertigteildetails entstanden. Der wiederaufgebaute Platz ist ein unbestreitbarer Festpunkt, ein abgeschlossenes Ergebnis.

‚Funktionsgebäude' am Schauspielhaus, Berlin, 1984

Bürogebäude Dirksenstraße, Berlin, während der Montage, 1985

Das zweite Ergebnis der jüngsten Bauperiode – des Spät-Honneckerismus – ist die Wiederbebauung der Innenstadtränder: Palisadendreieck, Marchlewskistraße, Neubaugebiet Frankfurter Allee, Wilhelm-Pieck-Straße, Friedrichstraße nördlich der Spree u.a. Im Gegensatz zum schwerkalibrigen Vollbauen der Friedrichstadt mit seinem Crescendo von Fehlentscheidungen geht es hier um die Schließung der innerstädtischen Straßenwände. Daß es in allen Details daneben geht, mit den komischsten Behelfsmaßnahmen, ist nicht so wichtig. Worauf es unter dem Gesichtspunkt eines Eingehens als Ergebnis in die zukünftige Entwicklung geht, ist das Thema der Wiedergewinnung der Straßenräume. Wie man nun auch die Themen Typologie, Hofsituationen, Kleinökologie usw. einbringt, das ist Zukunftsaufgabe.
Zukunftsaufgaben dieser Art gibt es massenhaft übrigens auch in Westberlin, beispielsweise im Wedding (Sanierungsgebiet Brunnenstraße). Man hat sich auf der Ebene gegenseitig sowieso wenig vorzuwerfen. Auch das städtebauliche Desaster Marzahn ist mit Sicherheit keine Lösung, sondern eine Aufgabe. Und das kann man ja von Gropiusstadt und Märkischen Viertel ebenfalls sagen.
Architektur und Städtebau sind nicht alles, hinzukommen muß das Lernen der Bewohner und das Aufbauen der Institutionen. Aber ohne erträgliche Wände sind auch die weniger sichtbaren Dinge nur halb. Überflüssig zu sagen, daß das Westberlin genauso herausfordert: Schon heute ist die Neuverzahnung so weit, daß das, was heute getan wird, in seinen Umständen und Wirkungen nicht mehr auf eine Hälfte zu beschränken ist.

Der Architekt – ein Ökologe?

Die Architektur als Mittleres zwischen Mensch und Umwelt ist ein Bild, und zwar ein Berufs-, ein Architektenbild. So schön es ist, es stimmte nur im Mythos. Sobald Daidadalos tot ist, haben wir statt seiner die Bauindustrie, Bauträger, Bauingenieure, die staatliche Bauaufsicht, Bauminister und kommunale Baubeamte, Banken und Bausparkassen, auch Architekten, und zu allem Überfluß die Nutzer. Entsprechend kompliziert sieht die Hülle denn auch aus, die Stadt.

Das einzelne Haus mit seiner gegen Regen und Kälte schützenden Haut, an dem die letzten Architekten sich abarbeiten, ist das erste Opfer der Metapher. Das einzelne Haus steht weniger der Natur gegenüber als mitten in der Stadt. Die Stadt ist die Umwelt, mit der wir, also auch die Architekten, es zu tun haben. Sie ist diejenige technische Umwelt, in der allererst die Architekten noch den daidalischen Träumen nachhängen können, die einen der Auflösung der Wände, die anderen ihrer Rückverdichtung zum verschwundenen Bild des gegen alle natürliche Unbill schützenden Hauses. Daß möglicherweise beide am Verhältnis von Mensch und Natur zu arbeiten glauben, ist eine freundliche Illusion. Die Metapher von der schützenden Hülle gegen äußere Natur hilft also nicht weiter. Wir sind die Natur, im technischen Zustand. Natur und menschliche Technik sind also innen wie außen, die Scheidung ist irrelevant, und dazwischen gibt es keine Gebäudehülle wie zwischen Haut und saurem Regen; gegen eine ökologisch zerstörte Welt wäre gar kein Schutz mehr möglich. Der Schutz gegen Kälte und Regen findet zwar noch statt, ist aber zu Ideologie degeneriert, sowie man sich darauf berufen will, als gäbe es soviel Harmlosigkeit noch. Heute schützen wir uns durch Dächer und Wände gegen uns selbst: gegen UV-Strahlung aufgrund der von uns durch Autofahren, Sprays und überzogenes Heizen durchlöcherten Ozonschicht, gegen atomare Strahlung aus wildgewordenen Energiefabriken, Dioxin und andere Chemikalien aus undichten Chemiewerken usw.

Die Metapher ist sogar falsch, da, wo sie so gelesen wird, als läge es in Architektenhand, wie die Hülle ausfällt und was man mit der auf Distanz gehaltenen Natur einerseits, den gegen sie beschützten Menschen andererseits dabei macht. Damit sind die Architekten hoffnungslos überlastet, und man muß sie hier wie auch sonst gegen ihr seit Beginn dieses Jahrhunderts anhaltendes Berufsfieber schützen, das sie in merkwürdiger Dauererregung glauben läßt, bei allen gesellschaftlichen issues sofort persönlich die Spitze übernehmen zu müssen – bloß, weil die altmodische Verquickung von Ingenieur-, Entwurfs- und Durchführungsaufgaben noch immer nicht ganz aus der Welt verschwunden ist.

Von welchem Architekten ist denn auch die Rede? Der Architekt als Entwerfer hat heute nur noch in den seltensten Fällen eine echte Kontrolle darüber, welche Baustoffe und Konstruktionen verwendet werden, welche Grundrisse entstehen, wie tief in Grundwasserschichten eingegriffen wird, wie öffentlich oder nichtöffentlich das Gebäude ausfällt. Er ist Spezialist für ein Aussehen, das zugleich Image ist. Er darf also ökologisch bauen, soweit Umweltfreundlichkeit in Fassade oder Image implantierbar ist. Hat er mehr auf dem Herzen, stehen ihm bestenfalls kommunale Kleinaufträge oder das eine oder andere private Eigenheim offen.

Ich denke also, daß man sich die tatsächlichen Möglichkeiten verstellt, wenn man die Architektur so sehr in den Vordergrund rückt. Was die Architekten tun können, können sie nicht alleine tun. Versuchen sie es, kommt nur Unsinn heraus, entweder Öko-Ästhetik (Häuser, die hölzern und ‚natürlich' aussehen), oder, am anderen Ende der Skala, High Tech (extrem aufwendige Büro-Paläste mit günstigen Energiewerten). Was die Architekten tun können, können sie nur in einem sich verändernden gesellschaftlichen Gesamtfeld tun, dann, wenn die Menschen anfangen, mit den knappen Ressourcen Erde, Luft, Energie und Lebenszeit besser umzugehen als das heute der Fall ist.

Dann ist aber sowieso all das, was heute, ökologisch oder nicht, gebaut wird, nicht mehr besonders aktuell und muß umgebaut oder wenigstens weich umgenutzt werden. Anders gesagt: Wir beschäftigen uns heute fast ausschließlich mit vorläufigen Fragen. Wie umweltfreundlich eine Gebäudehaut ist, ist ziemlich irrelevant gegenüber der Tatsache, daß das, was im Gebäude passiert, möglicherweise die organisierte Umweltkriminalität ist – z.B. die noch so indirekte Finanzierung der Abholzung des Regenwaldes und seiner Umnutzung für Rindfleischproduktion. Ökologisch wäre es dann nicht, die Fassade weiter zu optimieren, sondern erst einmal weniger Steaks zu essen. Oder etwas näher an der Normalität: Das energieneutrale Bürohaus ist sicher ein gewaltiger Fortschritt, aber was heißt das schon? Es heißt nur, daß der ökologische Wahnsinn der modernen Arbeitsteilung eben auch ökologisch optimierbar ist. Gesellschaftliche Arbeit so zu organisieren, daß der ökologisch optimierte Bürobetrieb gar nicht erst nötig ist, würde Zeit und Ressourcen sparen und wäre natürlich ökologisch unweit effizienter.

Das ergibt, als Gegenpol zum schönen Bild von der Hülle zwischen Mensch und Natur, eine dürre These: Architektur und Umwelt bekommen erst dann ernsthaft miteinander zu tun, wenn für den Umbau der Lebensverhältnisse Architektur gebraucht wird. Vorher haben wir es bei Ökoarchitektur mit einer Darstellungsebene zu tun: der Darstellung des Wunsches nach einer guten Umwelt, einem besseren Naturverhältnis. Diese Darstellung wird der Fassadentechnik, oder der Baubiologie, oder einem puritanischen Herstellungscode, oder den Grasdächern, Klimaschichten und all den einzelnen Ökoinstallationen übertragen. Das alles ist im einzelnen interessant, teils auch gut und richtig, aber im Ganzen eine Ersetzung von Ökologie durch Ästhetiken oder Techniken des guten Willens. Der Schlüssel für das Gebrauchtwerden von Architektur liegt bei den letztinstanzlichen Auftraggebern, den Nutzern. Wenn sie ihr Leben ändern, hat eine andere Architektur ihren Sinn und Auftrag.

Nebenbei: Es liegt aus dem Gesagten auch eine Folgerung nahe, die umgekehrt nicht vom Ehrgeiz der Architeken auf die Umwelt zielt, sondern von der Umweltfrage auf die Möglichkeit von Architektur, die also den Spieß auch einmal umdreht. Architektur als ganzheitliche Praxis – als Umgehen mit Bautechniken, als Umgehen mit Typologien, als Umgehen mit Bildern und Raumerfahrungen – ist heute ziemlich unmöglich geworden. Unter der Last von Verzinsungszeiten, baurechtlichen Normen und Nutzergewohnheiten ist kaum etwas anders zu machen, als es schon von alleine geht. Architektur als integrale Praxis wäre erst wieder erforderlich, wenn das nicht ausreicht, weil es ökologisch nicht mehr tragbar ist. Dann werden Kompetenzen gebraucht, um andere Nutzungen einzuräumen, mit Baustoffen und Techniken verantwortlich und nicht legalistisch, bürokratisch oder profitorientiert umzugehen, und das, was nötig ist, auch am Gebauten/Umgebauten in Bild- und Raumqualitäten zu zeigen.

II Zwischen Stadtplanung und Architektur

Zwischen Stadtplanung und Architektur

Von geordneten Verhältnissen zwischen Stadtplanung und Architektur kann keine Rede mehr sein. Das zerrüttete Verhältnis hat zur Folge, daß die Rollenteilung zerfällt, daß keine Seite mehr weiß, wer sie ist, und jeder im Gebiet des anderen wildert. Die Stadtplanungskrise ist unübersehbar. Auch, daß die Stadtplanung sich selber ins Aus gebracht hat, sollte unbestritten sein. Nur erklärt das nicht ausreichend, warum es der Architektur, deren Krise derjenigen der Planung in nichts nachsteht, so viel besser geht. Erfolgreich setzt sich letztere an die Stelle der Planer und antwortet mit Hochhaus- oder Blockschließungsbildern, wo vor noch nicht allzu langer Zeit Funktionen gefragt waren. Wiederum griffe es zu kurz, ihr die Wilderei als solche vorzuwerfen. Bei genauerem Hinsehen geht es weniger um die Verdrängung der Planer als um die Eroberung eines dritten. Cherchez la femme.

Die Rollentrennung

Wir assistieren heute einem sehr späten Datum der Beziehungskrise. Von wirklicher Rollentrennung kann in der Tat schon lange nicht mehr die Rede sein, die Rollenunsicherheit ist sogar der stärkste Faktor in der Formulierung einer modernen verwissenschaftlichten Urbanistik gewesen. Wenn man, mit Devereux, Angst und Methode als Korrelate sieht, dann ist der Rigorismus der neueren Stadtplanung ein Index der darin eingegangenen Rollenangst. Die gesamte Geschichte der modernen Urbanistik ist doppeldeutig: eine Geschichte der methodischen Stabiliserung, deren Basis der blanke Rollenverlust ist.

Das Durcheinander ist offensichtlich spätestens bei Camillo Sitte. Bis dahin war die Stadtplanung eine Sache der Vermessungsingenieure gewesen, die in Vokabular und Technik von den römischen agromensores herkamen. Das Aussehen mußte nicht determiniert werden, es hing am Einzelfall, dieser an sozialer Stellung, zustehender Typologie, Geschmack des Bauherrn usw. Planung war eine Verteilungs- und Lokalisierungstätigkeit. Mit Sitte bricht irreparabel das Bild in das Verteilen ein. Die Planung wird damit hoffnungslos überladen: Sie soll plötzlich ein ästhetisches Produkt schaffen. Dieses ästhetische Produkt ist aber nur Stellvertreter: Es steht für eine vorkapitalistische Stadt, die historisch überholt ist. Um das Bild zu realisieren, muß wiederum der Kapitalismus links überholt werden: Wie der Bühnenbildner die ganze Bühne zur Verfügung hat, braucht der Stadtplaner nun die ganze Stadtfläche, um sein Bild zu errichten. Die einzelnen Parzellen, Eigentumsrechte, widerstreitenden Nutzungen, Eigentümer sind auf einmal der Feind. Das Bild wird zum Vehikel der funktionalen Gleichschaltung.

Die Sache wurde nicht besser dadurch, daß die Leute des Neuen Bauens mit neuen Bildern den Spieß umdrehten. Die Spanne reicht von F.L. Wright bis Lissitzky. Die CIAM waren eine Architektenbande, die die Plattform Planung in Piratenmanier besetzte, indem sie aus dem ästhetischen Ideal der Maschinenarchitektur, im Gleichschritt mit Futuristen und Konstruktivisten, die Taylorisierung der Stadt betrieb. Ohne die solide Gegenbewegung Abercrombies und seiner skandinavischen Kollegen hätten sie es wohl auch geschafft.

Darauf baute die Nachkriegszeit auf, als Symbiose von Volkswohnung und Autobahnbau. Der Zeilenbau in der Erschließungsschleife ist das untere Ende, Scharouns Architekturmassive im Schnellstraßengetümmel bilden die masseninszenatorische Oberkante. Dann kam die Wende. Die Planer entdeckten ihre Bildberufung neu und begannen, barocke Achsen, Plätze, Blockkanten und Trauflinien zu zeichnen. Da sind wir noch heute, keinen Millimeter weiter. Denn an die Rationalität des eigenen Tuns, an das Reich der Funktionen glaubt man schon nicht mehr; auf das Bild der gezähmten Stadt zu verzichten, bedeutete den Absturz in Anarchie. Denn die Architekten sind ihnen auf den Fersen. Nachdem der CIAM-Handstreich im Flächen- und Zahlendenken der Nachkriegspragmatik stecken blieb, ist dies die neue Chance. Gegen Raumordnung, Sanierungsgebiet, Sozialpläne, Flächenwidmung, GFZ/GRZ, § 34 BauG gilt es, per Architektur die Stadt neu zu erfinden – wir können das besser. Statt matter Flächenschraffierungen wirft der Computer eindrucksvolle, auf Architektur nicht festlegbare Baumassen aus, die zugleich immer schon als Stadtkrone auftreten. In hoc signo vinces – jedenfalls reicht es, um die nicht gelingende soziale Ordnung ästhetisch zu übertönen. Die Postmodernen und die neuen Chaosarchitekten haben sich da auch nichts vorzuwerfen. Die Geschwindigkeit, mit der die Postmoderne, ohne Computer, ein Stadtgebiet per Masterplan repariert, steht der Generierungsgeschwindigkeit architektonischer Stadtzeichen nicht nach.

Der siamesische Zwilling

Wir sind gleichsam in der Endrunde der Krise, und was sich dabei gegenübersteht, sind weniger Personen als Berufsrollen. Die Arbeit des Stadtplaners ist Papierarbeit. Wie jede Initiation dazu da ist, eine verläßliche Grundlage für gesellschaftlichen Gehorsam und Rollentreue zu schaffen, indem der Initiant unter dem Druck des Eingangsrituals auf seinen liebsten Wunsch verzichtet, so gehört es zur Initiation in den Beruf des Planers, auf den Wunsch zu verzichten, die Stadt materiell, als konkrete Verschränkung unterschiedlicher menschlicher Tätigkeiten und Gebäude, zu bauen. Hat er auf diesen innersten Wunsch verzichtet, ist er bereits zu 90 Prozent für seinen Beruf qualifiziert. Der Rest ist Auswendiglernen von Bestimmungen und das Hantieren mit ihnen, das man den andern abguckt.
Umgekehrt der Architekt – hast du schon gebaut, ist die kritische Frage, die alles entscheidet. Ein Architekt, der nur plant, nicht baut, ist wie ein Soldat, der noch niemanden erschossen, ein Mann, der noch mit keiner Frau geschlafen hat. Wenigstens ist das in jenen reichen Ländern so, die permanent abreißen und neubauen, statt daß, wie in Italien etwa, die Architektur, wenn nicht im Ausland, dann hauptsächlich in Zeitschriften stattfindet. Noch immer ist die Baustelle der Ort der Initiation und das bloße Papier ein schmerzlicher Ersatz. Aber dieser Berufsimperativ Bauen enthält als Methode – wieviel Architektur paßt aufs Grundstück? – wie als Bedenkenlosigkeit den Initialverzicht: Man kann nur Häuser machen, nicht aber das Leben und die Stadt.
Dagegen kämpft die universale Entwurfskompetenz, die heute eine Schule, morgen ein Bankgebäude, übermorgen eine Fabrik, einen Bahnhof, ein Krankenhaus oder ein Theater zeichnet, verzweifelt an, daher herrscht im Architekturbüro der permanente Ausnahmezustand: Während die Planung zur Demokratie neigt, zur Angleichung, zur Unauffälligkeit der grauen Mäuse, neigt die Architektur zur Diktatur. Einer ist, dem Berufsschicksal nach, der Demiurg mit dem B6, die anderen ziehen Striche. Entwerfen ist permanent unterdrückter Klassenkampf. Unterdrückbar ist

er, weil auch der Chef nicht zeugungsfähig ist: Stadt und Leben hat er nicht mit seinem Stift im Griff, also kann man ihm den Stift auch lassen. Jeder macht aus seiner Bestimmung das Beste. Der Stadtplaner ist ein Vereinheitlicher. Hinterseiten und Hintergebäude sind ihm ebenso ein auszutilgendes Greuel wie Baulücken, es seien denn pocket parks, unterschiedliche Höhen. Der Feind ist immer noch das Individuum, der Eigensinn der Parzelle. Wo zusammengeworfen werden kann, wird es getan, Einsichten in den Zusammenhang von Parzelle, Sozialem und Kultur sind Feuilleton, das in das Berufshirn nicht eindringt. Einheitliche Bündel schnüren, sie beschriften und dann auf dem Fließband des Verkehrs stapeln wie bei der Post, das ist das geheime Ideal, und das barocke Outfit ist dem gerade förderlich, nicht schädlich.
Umgekehrt entwickelt der Entwerfer eine für den Planer irritierende Virtuosität im Umgang mit den tausend Seiten des Konkreten. Der Architekt ist sozial polymorph, er reitet wie Zorro ins bedrängte Gelände ein und rettet, was zu retten ist, er ist dabei alles in einem, Politiker, Sozialwissenschaftler, Ingenieur, Historiker usw., und bei alledem ist er immer nur eins, Ästhet, genauer gesagt, der allseitige Agent einer individuellen, privatwirtschaftlich organisierten ästhetischen Potenz.

Bei der Arbeit

Den Sinn von Arbeitsteilung sieht jeder ein. Die Planung hat eine funktionale, sozialstrukturelle, verkehrstechnische Vordnung des Geländes zu leisten, zu klären, was bebaubar ist und was nicht, was wofür gebraucht wird, welche Bindungen und Beschränkungen vorliegen. Das machen die Planer natürlich nicht freiwillig, sondern als Pflichtanteil eines Bildes, das auf dem Papier sichtbar dem Endzustand Ordnung zustrebt. Die Graphik des Plans ist Krönung und Beweis, daß es geht.
Die Ordnung auf dem Papier entwickelt nun ihr weiteres Eigenleben. Die scheinbar arbeitsteilige Vorordnung macht das vorhandene Chaos für die andere Seite, den Entwerfer, so hervorragend greifbar, daß auch er nicht mehr fragt, was da ist, sondern Fläche sieht und sie sofort mit seinen Zeichen bevölkert. Unversehens fallen also in der Arbeit des Planers die Brüche und Verletzungen des Stadtraums, Vorhandenes und Abwesendes, Schönes und Unerträgliches in ein freundliches Muster, in dem alles wieder im Lot ist.

Nur dem blutigsten Laien kann das belanglos scheinen: Die Vorordnung gibt mehr oder minder verbindlich an, was einschließbar ist und was draußen zu bleiben hat. Er kann sicher sein, daß der Architekt hinter seine Figur nicht zurückgeht, ganz im Gegenteil. Denn das ist die Abmachung: Der Planer häuft die Daten auf, die Verhältnisse und Bedingungen: Entwicklungsziele, FNP, BEP, Blockgutachten, Eigentümer und Investoren, durchschnittliche Nutzungsdichte, Verkehrsanbindung, Staubbefall, Mikroklima und Baumbestand, vorhandene Bausubstanz, Sozialstatus der Bewohner, Geschichte des Ortes usw. Das alles wird aufgehäuft mit der rührenden Unterstellung, es könne oder solle in den Entwurf der Architekten eingehen.

Die Entwerfer freilich wissen genau, wie sie damit umzugehen haben. Sie benutzen den Informationshaufen einfach als Wand, von der sie sich, nicht ohne einige subjektive Anregungen, abstoßen. Denn sie haben genau das Entgegengesetzte vor: Auf dem erreichten Niveau von Banalisierung und Bereinigung des Geländes beginnt jetzt der entgegengesetzte Prozeß der ästhetischen Komplizierung und Neuverschlüsselung, über den man mit anderen Entwerfern konkurriert. Ein Tor, wer meint, es könne einen direkten Weg von den vorhandenen Möglichkeiten des Geländes zu den vom Wettbewerb gelieferten ästhetischen Formen geben. Der Wettbewerb wird, solange die Architekten in der Jury sich nur minimal einigen können und die funktionalen Anforderungen erfüllt sind, ästhetisch entschieden, und da gewinnt nicht, wer die Situation beantwortet, sondern wer als Entwerfer, als Entwurfstechniker, schlüssig ist. Dasjenige ästhetische Konzept gewinnt, das ein Grundstück oder auch einen Stadtbereich sichtbar der Formsprache eines Entwerferwillens unterwirft.

Diese Unterwerfung der Wirklichkeit unter die eigene unmißverständliche Handschrift ist das Berufsziel. Dies wird prämiert, denn wer es schafft, hat einmal mehr zum Berufskern der jurierenden Kollegen gesprochen und einmal mehr das Berufsideal bestätigt. Stadtverträglichkeit, Menschenfreundlichkeit, Achtung und Zur-Geltung-Bringen des Vorhandenen, Wissen um das, was man anrichtet, solche Tugenden gehören in die Ausschreibung, im Wettbewerbsmechanismus zählen sie nur in Ausnahmesituationen.

Das institutionalisierte Zusammenwirken von Stadtplanung und Architektur ist ein einvernehmlich organisiertes Mißverständnis. Die Grenze läuft kaum mehr zwischen Personen und Berufsqualifikationen, sondern zwischen diesem und jenem Auftrag, quer durch die Büros, zwischen Freiberuflern, die alles machen, was sie bekommen, und der institutionell

aufs Graue, Vorschriftenmäßige festgelegten Verwaltung. Werkverträge machen die Sache zusätzlich unübersichtlicher. Letztendlich wird, als letzter Anker, die Fiktion der Teilung gepflegt: Man weiß, was das eine ist, in welcher Sprache und in welchen graphischen Formen es sich abspielt, und man hat das andere im Kopf, die fertige Architektur.
Gerade weil alles so auf Grauzone angelegt ist, gelingt der permanent den Schein wahrende Pseudotransfer: Planung wird geliefert, um sich nicht um sie zu kümmern. Das befriedigt offenbar alle, den Masochismus der Planer wie den siegreichen Narzißmus der Architekten. Man fordert in der Wettbewerbsausschreibung das städtebauliche Konzept und prämiert in der Jury die chaosästhetisch stringente Zerstörung von Stadtstruktur. Beides zusammen gehört zur Schizophrenie des Zwillingsberufs, für den die Zwillingsfigur nur noch das besänftigende Aushängeschild einer viel tiefer gehenden Gemütsspaltung ist.

Dazwischen

Folgende Figur hat sich jetzt herausgestellt: Es gibt zwischen Stadtplanung und Architektur keinen Transfer, die Arbeitsteilung ist so, wie sie ausgeschildert ist, fiktiv – aber gerade die als Arbeitsteilung schwerstorganisierte Unterbindung des Transfers befriedigt die jeweilige Berufsrolle und erzeugt, in einer Verschränkung von Selbsthaß der Planer und Omnipotenzwahn der Architekten, praktisch Konsens.
Das double bind aus Undurchlässigkeit der Berufspraxen gegeneinander und insgeheimer Einigkeit geht natürlich auf Kosten dessen, was arbeitsteilig übermittelt werden sollte: des Vorhandenen. Das Vorhandene ist der Verlierer. Es ist der Inbegriff dessen, was von den verhärteten Berufspraxen beider Seiten nicht mehr gegriffen, was zwischen Stadtplanung und Architektur zerrieben wird.
Das ist nachgerade die Hauptsache. Denn gerade darin besteht die Krise beider Berufe, daß sie, jeder auf seine Weise, immer weniger Wirklichkeit zu fassen bekommen, kompensierend aber sich immer weiter in ihr Eigensystem einigeln. Vor den geschlossenen, oder folgenlos geöffneten, Toren der Profession häufen sich dagegen die ungelösten Probleme, die protestierenden gesellschaftlichen Kräfte, die alternativen Entwürfe. Sie werden kulturell angeignet, um berufspraktisch folgenlos zu bleiben. Kulturell ist man links, ökologisch, alternativ, geschichtsbewußt, mit Video,

Graffiti, rap auf du und du, an den Reaktionskern des Berufs läßt man nichts davon heran.
Das Vorhandene ist in den letzten 20 Jahren zu einer eigenen Provinz geworden. Ganze Stadtteile wurden in dieser Zeit aus dem Dunkel hervorgeholt, in dem sie als Abrißmasse zwischen Planern und Architekten verhandelt worden waren. Die Menschen, die dort lebten, die sozialen Strukturen, das existierende Kleingewerbe, die Nachbarschaften, die Schönheit der Häuser und die Schönheit der bürgerlichen Stadt vor der Reformdiskussion ab 1890, die Organisationskraft von Parzellen, Typologien, Höfen und Gewerbeetagen, die Geschichte des Stadtviertels als Spurensystem des Gebauten und als sozialer Rahmen in den Köpfen der Bewohner, die Ökologie des Vorhandenen – alles das wurde entdeckt, und mit unwiderstehlicher Macht wurde so ein Wechsel des Paradigmas eingeführt: Nicht mehr die Sollgrößen der Planer und die versprochene neue Schönheit der Architekten waren Verhandlungssubjekt, sondern das, was da war.
Das, was da war, wehrte sich. Es beanspruchte Autonomie, bekam Stimmen und soziale Macht, wurde aus einer wertlosen Verfügungsmasse zu einer politischen Figur, die wuchs und weiterwächst und heute noch lange nicht ausgewachsen ist. Die Wirklichkeit zwischen Planung und Bauen ist die Hauptsache geworden. An diese Hauptsache kommen aber Planer und Architekten bis heute nicht heran. Blockform und Traufhöhe einerseits, Regionalismus, ökologisches Bauen usw. sind Hüllen geblieben, die als Professionalisierung des Protests niemanden überzeugten. Das Vorhandene, in welcher Aktualität auch immer, ist für die Berufsrolle nur bedingt assimilierbar, im Grunde nicht anzueignen. Das ist das Wesentliche, das man einsehen muß, und deshalb ist Hoffnung: Es gibt eine – unzuverlässige – Gegenständlichkeit, die nicht fachlich absorbiert werden kann, auf deren Widerstand also, in bestimmten Grenzen, Verlaß ist. Weil das so ist, kann man an einen Umbau der Berufsrollen glauben.

Wiederkehr des Städtebaus

Dieses neue Territorium kann andererseits ganz traditionell benannt werden: Was hier, auf überraschende Weise, zurückgekehrt ist, ist, altmodisch ausgedrückt, der Städtebau. Aber Vorsicht, es geht heute dabei um einen autonomen sozialen Zusammenhang, nicht mehr um etwas, das in einem Beruf und der ihn besetzenden Person gebündelt wäre. Der Städtebauer, dieses Kinderideal, kehrt nicht wieder. Zuletzt hat sich Hitler daran versucht, das sagt genug aus über die historisch hergestellte Unmöglichkeit der Sache, aber auch über die heutige Unmöglichkeit des gesellschaftlichen Ortes, an den sich identifikatorisch versetzt, wer jenem Kinderbild – „wir bauen eine Stadt“ – noch nachhängt.

Wer heute professionell mit Stadtentwicklung zu tun hat, muß sich ständig selber seinen Platz erklären, von dem aus er sich zur Sache verhält. Es sind die gesellschaftlichen Kräfte, die die Stadt bauen, und diese Kräfte sind widersprüchlich und vielfältig, keineswegs aber mit den Funktionen der modernen Stadtplanungstheorie identisch noch mit jenem Vulgärökonomismus, mit dem sich hilflose Stadtplaner bescheinigen, gegen das Kapital könne man nicht an. Können sie natürlich auch nicht, solange sie meinen, sich in den Kopf der Investoren versetzen zu müssen, um mitzukommen. Daß sie damit nicht einmal das reale Investoreninteresse treffen, das auf innovative Angebote von außen angewiesen ist, wird ihnen nie klarzumachen sein. Etwas durchsetzen wird dagegen nur, wer sich selbst weder als Herr der Prozesse begreift noch, was nur die depressive Seite des Kommandobewußtseins ist, als Opfer der großen Mächte.

Jede Stadt baut sich selber. Es ist letztendlich die Stadtgesellschaft, die dafür verantwortlich ist, was aus einer Stadt wird. In diesem Knoten Stadtgesellschaft überschneiden sich ökonomische Großwetterlage, lokale Möglichkeiten, Pressionen, Politiken, Geschichte, Regionales, durch Generationen aufgebaute Selbstwahrnehmung und Bewegungsgewohnheiten einer Stadt. Es gibt bestimmte Städte, die nicht kaputtzukriegen sind, und andere, wo jede Anstrengung zu einem Minimum von Kontur in der allgemeinen Abwehr versackt (man vergleiche beispielsweise, um einen fairen Vergleich zu schaffen, Mannheim mit Kassel). Darum ist noch immer, inmitten einer beispiellosen Internationalisierung der Probleme, der technischen Verfahren, der Politiken und der ökonomischen Zwänge, jede gebaute Stadt als Ausdruck eines Stadtcharakters zu lesen.

Zeichen der Zeit aber ist die Offenheit dieses Mitbauens sozialer Kräfte. Wo die Ordnungen nicht mehr, weder durch Machtspruch noch durch unbezweifelbare Techniken, vorausgesetzt sind, ist alles diskutierbar und entscheidungsbedürftig. Städtebau in diesem Sinne ist dasjenige Verfahren, das im Einzelfall einerseits alle legitimierbaren Ansprüche an die Stadt zu Worte kommen läßt, sie aber andererseits auch zu Konsens und Entscheidung bringt. Die Sache glückt nur dann, wenn nicht nur das Kommando eines Interesses (meist eines wirtschaftlichen) vermieden wird, sondern auch die Fragmentierung der Stadt – mit ästhetischen Legitimationen wie Collage City, Chaos-Stadt usw. – unter die partialen Interessen.

Das wirkliche Kampffeld

Das jüngste Stadium des Konflikts von Stadtplanung und Architektur erscheint in einem ganz anderen Licht, wenn man es auf dem Hintergrund der Emanzipation der sozialen Mitbestimmungswünsche sieht. Die neueren Strategien sowohl der Stadtplaner als auch der Architekten sind auf diesem Hintergrund lesbar als gemeinsamer Versuch, das Soziale wieder zu enteignen und den neu entdeckten Stoff, das Wiedererscheinen des Themas Stadt, auf die Mühlen des Berufsstands zu leiten.

Erst auf dieser Ebene versteht man ganz, warum in diesem Konflikt die Planung der Verlierer sein mußte. Gelang es den Architekten (Ende der siebziger Jahre) zunächst, die Planer als diejenigen hinzustellen, die an der Stadtzerstörung der Vergangenheit schuldig sind und ihre sozialpolitische Kompetenz, nicht ganz zu Unrecht, mit der Grauheit verfallender Schlafstädte zu identifizieren, so konnten sie inzwischen zusehen, wie die Planer in eine noch weit schlimmere Falle tappten, die des Bedenkenträgers, der mit seinen FNPs, BEPs, Bebauungsplänen, Anhörungen und Einspruchsfristen viel zu viel Zeit verbraucht. Das kann man sich, wo die Japaner im Anmarsch sind, nicht mehr leisten, Investoren werden verschreckt usw. Ermächtigungsstimmung breitete sich aus, und wo die ist, sind die Architekten – Speer bewies es, und Mies, Gropius usw. entzogen sich dem bis Ende 1934 nicht – zur Stelle.

Der Landgewinn der Architekten verdankt sich also ganz offensichtlich nicht eigenen Tugenden (beispielsweise dem Fortgang von den Müdigkeiten der Postmoderne zu Neokonstruktivismus, Chaosästhetik, Super-High Tech), sondern den politischen und ökonomischen Veränderungen der achtziger Jahre. Der Neoliberalismus drang in die Unternehmensstrategien und ins Bewußtsein der Kommunalpolitiker ein. Die Private Public Partnership ist das Übergabeangebot der kommunalen Planung an die überlegene Fähigkeit der großen Unternehmen, Entwicklungsrationalität und Fachkompetenz zu bündeln. Diese Unternehmen erhalten auf strategischen Entwicklungsgeländen freie Hand. Die Stadtverwaltungen handeln nur noch aus, was sie von der Beute abbekommen. Für die Selbstaufgabe erhalten sie termingerecht hochmoderne Infrastrukturleistungen, die selber, in die Aufsplitterung der unterschiedlichen städtischen Interessen verstrickt, nichts mehr zuwege bringen.

Hier liegt der Kern der Niederlage der Planung. Die politische Entscheidung überholt die Planungsarbeiten. Dabei wird nicht nur ein Instrumentarium ausgeschaltet, es geht auch darum, die sozialen Rücksichten, mit denen sich die Planung legitimiert, zu überspringen. Effizienz und Schnelligkeit verlangen die Ausgliederung von Sonderterritorien, den Ausnahmefall der vollen Verfügung, die direkte Bewältigung durch einen einzigen Träger. Wo die Städte keinen Developer finden, kopieren sie das Modell auf eigene Rechnung.

Im manageriellen Modell der Stadtentwicklung kommt der Architektur eine Schlüsselbedeutung zu. Die Berliner IBA, die erstmals in unseren Breiten unmittelbar Investor und Architektur kurzschloß, war nur ein Vorspiel: Architektur wurde als Design für eine neue Ware gebraucht, innerstädtisches Wohnen für junge, erfolgreiche Menschen. Inzwischen ist die Sache auf eine methodische Ebene gehoben: Die Architekten steuern heute weniger Design bei, als daß sie unmittelbar den Beschleunigungsprozeß organisieren helfen. Kraft einer Kompetenz, die sie in Jahren der Verzweiflung geübt haben, bringen sie ästhetische Konzepte über die Runden, indem sie sie funktional unterfüttern. Die Investoren von heute haben begriffen, was sich daraus machen läßt. Sie packen den Architekten beim Schopf, und blitzschnell kehrt der Spieß sich um: Die ästhetische Formel, die der Architekt liefert, wird zur schnellsten Formel für ein auf das Investoreninteresse konzentriertes Funktionskalkül. Die ästhetische Kompetenz füllt also, dem Anschein stracks entgegen, eine funktionale Stelle aus, die der eingesparten Planung.

Man käme also zu spät, wenn man monieren wollte, hier käme einmal mehr das Bild vor der Sache. Der Investor würde nur gähnen, er weiß es besser: Über die bilderbuchartige Stadtform, oder den Hochhauscluster, die ihm der Architekt aufmalt, hat er die Sache selbst im Griff, die Quantitäten, die Kosten, den Zeitplan, den Gewinnhorizont. Was in der Zeichnung fehlt, interessiert ihn nicht, so sehr es die letzten aufrechten sozialdemokratischen Planer empören mag. Die unwiderstehliche ästhetische Gewalt all der schnellen Computerrealisierungen ist die der Ausblendung des sozialpolitischen Planungsvorgangs, mithin die Gewalt des Entwicklungskapitals, das in die interessanteren Stadtzentren einrückt. Unsichtbar gemacht ist das, was nicht hineinpaßt, was Widerstand leistet: soziale Autonomie, mittlere und Kleinproduktion, individuelles Eigentum, Nichtbesitzer und strukturelle Armut, die unkontrollierten Freiräume, das erfahrungsreiche, zwischen Vergangenheit und Zukunft vermittelnde Vorhandene.

Das Spiel ist nicht zuende

Das Instrument funktioniert freilich nur an ausgewählten Orten: nur da, wo die Einbahnstraße vom strukturschwachen Mischgebiet zur monofunktionalen Dienstleistungszone mit Höchstmieten begangen werden kann. Es funktioniert, von der andern Seite her gesehen, nur dort, wo der soziale Widerstand vernachlässigbar ist. Es ist weiter an eine Konjunktur tertiären Wachstums gebunden, von der niemand sagen kann, wie lang- oder kurzfristig sie sein wird, von der aber klar ist, daß es sich um eine Konjunktur handelt, nicht um die neue Normalität.
Daran schließen zwei Fragen an. Die erste: Was geschieht dort, wo der Widerstand nicht vernachlässigt werden kann? Die zweite: Was geschieht, wenn das Investorenmodell an Überzeugungsgewalt verliert?
Die Zonen, wo das Investorenmodell nicht durchschlägt, bilden die überwiegende Masse. Hier kann die Architektur den Machtblock Investor nur fingieren; sie tritt mit dem Gestus des Vollzugs auf, obwohl nur öffentlicher Wohnungsbau und Kleininvestionen die Träger sind. Die Planung behält entsprechend mehr Macht, als ihr eigentlich zusteht. Angesichts des geringeren, gut eingeübten Drucks läuft hier also das traditionelle Modell weiter: Planung und Entwurf halten, indem sie vereint die Veränderungen verschweigen, das Gelände in seiner Traditionsform unter Kontrolle, BEPs und Blockschließungen gehen, als wäre nichts passiert, ihren Gang. Das Dazwischen, getragen durch Bürgerintiativen, sitzt mit am Tisch und bekommt seine Anteilrechte, die aber nur Enklaven sind, in denen sich ruhig an den übrigen Stadtelementen vorbeisehen läßt. Die Einräumung solcher Enklaven, ob Öko, Wohnumfeldverbesserung oder Verkehrsberuhigung, wird für Planer und Architekten zum bequemsten Alibi, auf eine zusammenfassende Vernunft zu verzichten. So sinnlos, wie die Öko-Inseln im Stadtganzen querliegen, so abgeklärt bekennt man sich zum Bruch der Zusammenhänge, also dazu, daß die eigene Tätigkeit, indem sie geradeaus weitergeht, dazu beiträgt, den Stadtzusammenhang immer weiter zu zerstören.
Ob sich das Dazwischen jeweils wieder aus dieser Einbindung in den Kompromiß von Planung und Architektur befreien und als sozialer Protest erneuern kann, das ist nie vorauszusagen und nie auszuschließen. Die

Vermutung liegt aber nahe, daß die Impulse zur Erneuerung des Verhältnisses im kommenden Jahrzehnt nicht mehr aus den Wohnquartieren und Sanierungsvierteln kommen werden, sondern, einerseits, nach englischem oder französischem Vorbild, immer stärker von den äußersten Rändern, wo in Fertigteilsiedlungen Stadtplanung und Architektur offensichtlich als Hohn auf die unterprivilegierten Benutzer ausfallen; andererseits aus eben den Zentren, in denen sich die neue Developer- und Investorenlogik als modernste Stadtschichte niedergeschlagen hat: wirtschaftliche Krisenanfälligkeit, mangelnde emotionale Bindungskraft und Verankerung, Ausschluß zu großer Bevölkerungsteile – diese und weitere Gründe könnten das Modell kulturell in Frage stellen.
Wer erkennt sich im Gebauten wieder? Diese Frage blieb allzu weitgehend offen. Wenn es so ist, daß die Investoren das soziale Dazwischen nicht entbinden, sondern umgekehrt ihre Investitionen an seine Stelle setzen, dann ist das Modell in seiner kulturellen, und damit letztendlich auch politischen, Hegemonieentfaltung abhängig davon, wieviel und wie lange es Zustimmung binden kann. Bricht der Zauber, dann gilt es, gerade im Zentrum noch einmal von vorne anzufangen. Eben hier, wo bislang unter dem Hinweis auf den ökonomischen Druck jede Besinnung abgewehrt werden konnte, muß dann modellhaft das Verhältnis von Stadtplan und Bauen neu etabliert werden, um von dort aus die übrigen Stadtbereiche zu beeinflussen.
Ob Zentrum oder Peripherie, es wäre dann Methodik fällig. Mit etwas mehr Stadtplanung, etwas weniger architektonischer Omnipotenz ist es dann nicht getan. Es wird nur ein Ansatz am Dazwischenliegenden weiterhelfen. Da auch dieser nicht freischwebend entwickelt werden kann, wird er sich weiterhin am Verhältnis von Stadtplanung und Architektur, den Instrumenten also, reiben müssen. Dann wären Erkentnisse über deren Binnenverhältnisse unmittelbar, und von einem Augenblick auf den anderen, brauchbar.
Im Zwischenland zwischen Stadtplanung und Architektur haben sich die Probleme verschanzt. Darum ist auch die erfolgversprechende Strategie die, die Verhärtungen und methodischen Sackgassen und Endlosschleifen beider Disziplinen zu vermeiden und mit der wirklichen Stadt zu tun zu bekommen. Was dabei gebraucht wird, ist, daß das Zwischen nicht kolonisiert und von dem oder jenem erobert, sondern ins Offene, auf den Markt gebracht wird. Man muß dazu zweifellos förmliche Vorkehrungen treffen, damit der soziale Prozeß der Stadtentwicklung zustande kommt, medial wie in den konkreten Folgen: Mieten, Wohnungselend,

mangelnde Gewerbeflächen usw. Damit ist eine Instrumentierung gemeint, die das Widerstandspotential des Zwischen einerseits – welche Alternative gäbe es dazu? – aus einem Bewegungscharakter in eine Struktur übersetzt, diese Struktur aber andererseits niemanden zur Kontrolle in die Hand gibt, sondern die Kontrollfunktion eben bei diesem Strukturierungsinstitut selber ansetzt.
Das verlangt sicher eine andere Politik als die, die wir haben (die Investoren sind dabei wohl gar nicht das wirkliche Problem, sie könnten nämlich schnell dabei ihre Vorteile finden). Das verlangt weiter eine andere Art Planung, und eine an ihren wohlverstandenen Ort verwiesene Architektur, vor allem aber ein Ensemble von Spielregeln, das den Spielraum der einzelnen konfligierenden Interessen offen hält – den Spielraum aller, nicht nur der Potenten.

Lehren einer Ausstellung. Zum städtebaulichen Wettbewerb Potsdamer Platz

Inzwischen haben sich die Verhältnisse geklärt. Eine parteienübergreifende Zustimmung im Stadtplanungsausschuß des Abgeordnetenhauses hat das laufende Verwaltungsverfahren, und damit den ersten Preis des Büros Hilmer und Sattler, nachhaltig gestützt. Die Investoren, die bis dahin auf Annullierung des Verfahrens und eine Chefentscheidung für ihren Entwurf, den des Büros Rogers & Partners gespielt hatten, haben sofort zurückgesteckt und geben sich jetzt mehr oder minder von den Spielräumen des offiziellen Entwurfs überzeugt.
Vom Politikum kann man sich jetzt also abwenden, kann zurück- und vorausschauen. Beides tut not. Es gilt, im Kopf zu behalten, welche Hypotheken der Vergangenheit nach wie vor mitgeschleppt werden – der Hilmer/Sattler-Entwurf enthält sie alle –, und es gilt, die per Realisierung am Potsdamer Platz nicht weiter zuspitzbare Frage, welchen Typ Stadt man jetzt, wo es ernst wird, bauen will, unabhängig vom Potsdamer Platz weiterzutreiben, zugunsten all der anderen Stadtorte, die demnächst Bauplätze sein werden. Nicht zuletzt geht es jetzt aber auch darum, über die Rolle nachzudenken, die die Beauftragung von Architekten in diesem unübersichtlichen Verfahren gespielt hat. Es sind Konsequenzen fällig.

1

Der Ausstellungsort war kaum erreichbar, am Ende der Stadt, so wie sie zur Zeit funktioniert, eben am Potsdamer Platz. Trotzdem waren die Erdgeschoßräume des Esplanade Tag für Tag mit Menschen gefüllt, vorwiegend Architekten. Noch nie, meine vierzig Jahre städtischer Berliner

Hotel Esplanade, Berlin, mit seinem letzten Pförtner, 1984

Erinnerungsfähigkeit zurückgedacht, war Stadtplanung in dieser Stadt so strittig.

Das zeigt, wie wichtig es ist, weiter über das nachzudenken, was hier ausgestellt war, herauszufinden, was das eigentlich ist, was hier zu sehen war.

Das Esplanade mit seiner unvergleichlich nüchternen Aura der Vergeblichkeit war natürlich der ideale Ort. Es war die Dramaturgie des Hotels selber, die die Führung durch die ausgestellten Arbeiten übernahm, aber auch sogleich, nach dem Willen der Investoren, die Demontage des Verfahrens und seines ersten Preises inszenierte. Statt durch den Empfang zur Lobby, arbeitete man sich durch ersten und zweiten Rundgang zum ersten Preis durch. Von ihm führten die Stufen unvermeidlich zum höher gelegenen Saal, wo der Konkurrenzentwurf, von Studenten, Filmern und Fotografen umschwirrt, Hof hielt. Im dunklen Saal mit seinen beiden riesigen Fototafeln (Esplanade um 1900 und nach dem Krieg) bildete die Lichtinsel zwischen Stellwänden und Plänen den entrückten Raum, in dessen Mitte das schneeweiße Modell wie Schneewittchen im Glassarg lag, verführerisch tote Schönheit.

Ohne dieses Hinterzimmer mit dem Rogers-Entwurf wäre die Ausstellung etwas ganz anderes gewesen. Man spürte, neben anderen Giften, sofort das der anwesenden Drohung. Die Konfrontation zweier Bräute hatte in der Tat alle Züge eines stadtpolitischen Affronts: Die Investoren demonstrierten, was sie von den Versuchen der Stadtverwaltung halten, auf eigenen Füßen zu gehen, indem sie ihren Entwurf per Hausrecht hinzustellten (das Esplanade gehört jetzt Sony).

Indessen schwirrten genug andere Gifte im illusionslos falschen Dekor des abgewrackten Hotels herum. Das Material der Ausstellung reicht aus, einen archaischen Fluch vorauszusetzen, der auf der Neuplanung des Platzes liegt. Atmosphären, die schon bei der kleinen Ausstellung der Zeitschrift „Tempo" oder der „Berlin morgen"-Unternehmung von FAZ und Frankfurter Architekturmuseum zu spüren waren (weniger übrigens in der kürzlich veranstalteten Ideenkonkurrenz des Architekten- und Ingenieurvereins Berlin), verdichten sich hier endgültig. Wer zu denjenigen gehörte, die, 17 Büros insgesamt, der Stadtplanungssenator persönlich aufgrund vorheriger knapper Bewerbung ausgewählt hatte, stand mittlerweile unter einem so großen Druck, daß nur wenige nicht darunter eingeknickt sind. Diese Entwürfe starren förmlich von Zeichen der Angst. Wer behauptet, hier sei es um die Frage Hochhäuser ja oder nein gegangen, den muß man auslachen. Sicher kommen Hochhäuser in Menge vor.

Was zu denken gibt, sind die Deformierungsprozesse, denen sie unterworfen werden. Sympathische Menschen (einige kenne ich, um das so zu sagen) haben da Hochhauskäfige und Hochhausmauern errichtet, in denen die Hochhäuser wie Spieße eingerammt sind, rigide bis zum Brechen und deklamatorisch bis zum Kitsch. Wenn es keine Hochhäuser sind, dann ist kein Gedanke erlaubt, der nicht in Quadrate, Quadratraster oder deren mehrfache Überlagerungen paßt. Wie soll man sich all diese unnützen, überzogenen Anstrengungen anders erklären als durch die ungeheure Angst, an dieser exponierten Stelle zu versagen?
Angst kann stark machen, wenn man mit ihr umzugehen weiß. Gut die Hälfte der Teilnehmer hat sich einfach von ihr auffressen lassen und alles an Imponierzeichen und Aggressivität aufs Papier gepackt, was ihnen zur Abwehr des Feindes dienlich erschien. Die Wettbewerbsaufgabe war, urteilt man nach diesen Ergebnissen, die Verteidigung der Innenstadt gegen räuberische Barbaren durch Errichten einer Unzahl überlebensgroßer Bastionen. Man hätte am besten gleich Moebius selber mit dem Entwurf des Potsdamer Platzes beauftragt.

2

In der Tat lastet nicht erst seit gestern ein Fluch auf dem Gelände. Die Vorgeschichte ist lang und hier nicht auszubreiten. Es begann mit dem Wettbewerb von 1910, der bereits die heutige Problemverklammerung in die Welt setzte: erstens die Behauptung, Berlin brauche ein neues monumentales Zentrum vor den Toren des alten, zweitens die Überlagerung von imperialen Achsen mit Verkehrsnotwendigkeiten (Nord-Süd-Fernbahntunnel und Ost-West-Individualverkehr), drittens die Legitimierung von Städtebau und Architektur. Weiter sind wir in der Problemstellung heute auch nicht.
Die beiden spektakulärsten Entwürfe von 1910 – Möhring, Eberstadt, Petersen einerseits, Schmitz, Havestadt & Contag andererseits – vermitteln eine der heutigen Situation verwandte Orientierungslosigkeit: Zwischen Blockbebauung einerseits und präfaschistischen Plätzen, Türmen und Kuppeln andererseits tat sich kein vorantreibender Widerspruch auf, angesichts der Einmütigkeit, mit der beide – es sind die Architekten, die mit hochvergrößerten historischen Bildern die Ordnungsaufgabe an sich reißen – den Untergang der liberalen Urbanistik einleiteten.

Der geheime Regisseur der heutigen Übertreibungen zum Potsdamer Platz ist aber zweifellos Albert Speer. Speer hat nicht nur durch seine Planungen und Abrisse die Voraussetzungen der heutigen Amputationen und Leerstellen des Gebiets geschaffen. Er hat vor allem das Thema von 1910 weiter modernisiert, indem er seine Achse als Aufreihung der Hauptquartiere der deutschen Großkonzerne plante – das ist die Falle, in die die beiden für das heutige Debakel verantwortlichen Bürgermeister tappten –, und er hat mit seiner großen Halle die Maßstäbe für Überwältigungsarchitektur neu festgesetzt. Das einzige, wenigstens im Ansatz realisierte Teilstück, der Runde Platz, hat prompt den Potsdamer Platz deklassiert und das Gebiet soweit konditioniert, daß in den sechziger Jahren das Zentrum des neuen Museums- und Kulturviertels genau dorthin gelegt wurde. Daß das Thema Platz und Hochhaus heute, nach dem Verschwinden des Runden Platzes 1962, am Potsdamer Platz wieder auftaucht, kann eigentlich nicht wundern.
Damit sind keine stilistischen Anleihen unterstellt. Schließlich haben die deutschen (auch die italienischen) Architekten viereinhalb Jahrzehnte lang das Vermeiden üben können. Was ich unterstelle, ist die unsichtbare Anwesenheit Speers. Sie drückt sich aus im Ausmaß der Angst, in den Bildern der Überwältigung. Überwältigung: Kein Hochhaus ist einfach hohes Haus, sondern inhaltslose Übergestalt. Angst: Die Vermeidung aller Ähnlichkeiten, in Ungers' Rasterverschiebungen gipfelnd, produziert am Ende der Zerlegungsoperation gerade nur das aus der Achse gerückte Original. Speer ist insbesondere anwesend in der Zerstörung des Geländes. Nicht ein Entwurf nimmt das Gelände ernst. An solcher Stelle entwirft man offenbar nur mit Sondervollmachten. Jeder besorgt sich anhand der angeblichen Größe der Aufgabe und der Chance des internationalen Gelingens seine eigene Ermächtigung. Hilfreiche Abstützungen, Rücksichten auf Land und Leute, denen man zu trauen wagte, gibt es nicht. Jeder baut auf seine Weise eine autoreferentielle Kommandostruktur auf, die nur ästhetische Legitimationen kennt.
Man wird sicher bestreiten, daß dies überhaupt noch ein deutsches Problem sei. Deshalb ist ein absichernder Hinweis angebracht. So kommt man zwar zu Kleihues, Ungers, Kollhoff, Ortner, auch zu Hilmer und Sattler, auch zu Gregotti – nicht aber zu Rogers. Der englische Entwurf bietet für gestalthafte Dumpfheiten der deutschen Art keinerlei Ansatzpunkt. Wenn ihn eine Vorgeschichte ereilt, so eine andere, die der leerlaufenden Aufklärung. Der Blick aufs Modell zeigt zweierlei: den Rückfall auf den Anfang, das Renaissanceideal der Sternstadt, und die Wiederkehr

Haus Vaterland und Reste des Potsdamer Bahnhofs, Berlin, 1972

des Endes, in der besonderen Form, wie sie auf diesem Potsdamer Platz lagert – die Verschneidung von Leipziger und Potsdamer Platz zitiert den Platzentwurf Martin Wagners von 1929 mit dem Karussell in der Platzmitte, gleiche Trivialität der Form, gleiche linke Technikgläubigkeit in der Auflösung des städtischen Platzes zu sich überlagernden Verkehrsebenen.

3

Die Lage ist aber noch viel unübersichtlicher, als es scheint. Die Zuspitzung auf zwei Entwürfe, die uns die Konfrontation von Stadtverwaltung und Investoren gebracht hat, macht vieles klar, dunkelt aber ebenso vieles ab. Nachdem ich eben bis an die Grenze des Zulässigen verallgemeinert habe, will ich jetzt durch schrittweise Differenzierung wiedergutmachen. Nur so ist auch aus Engführungen der Diskussion herauszukommen.

So ist es unzulässig, die konkurrierenden Entwürfe – Hilmer/Sattler versus Rogers – darauf festzulegen, daß der eine von einer Stadt ausgehe, die vielen gehört, der andere die Stadt unter die Investoren verteile. Damit schreibt man einem Entwurf Machtmittel zu, die er nie haben kann. Der Rogers-Entwurf zeigt offen, daß die Stadt von den Politikern unter die Investoren verteilt worden ist, und er zieht daraus die Konsequenz, daß man diese Verteilung nur durch die Flucht nach vorn mildern kann: indem man den privatisierten Stadtraum so weit wie möglich öffentlich bespielt. Der Hilmer-Sattler-Entwurf logiert die Investorenverwaltung in zwölfgeschossigen Palazzi und hält den übrigen Stadtbewohnern die öffentlichen Flächen immerhin als solche, ohne Gentrifizierung, frei. Letzteres ist, strikt vom Gebrauchsstandpunkt aus geredet, für den Normalstädter der Vorteil des Entwurfs. Es wäre ein Irrtum zu meinen, dieser Entwurf sei für einen anderen Typus von Stadt, also für wirklich verteilte Stadt, ebenfalls geeignet.

Ebenso ist es unzulässig, beide Entwürfe als die Positionen von Konservatismus und Moderne gegeneinander auszuspielen. Das Argument zerfällt in dem Augenblick, wo man erklären muß, was damit gemeint sein soll. Ästhetisch geredet, sind beide konservativ, sie greifen nur auf entgegengesetzte Vergangenheiten zurück: der eine auf die gegenaufklärerische Triebstruktur des Barock, der andere auf das Vernunftideal der Renaissance. Die Architekturen, die man aus ihnen herauslesen muß, wären beim Münchener Büro gemäßigt postmodern, beim Londoner Büro tech-

Haus Vaterland, Berlin, Küchenetage, 1973

Haus Vaterland, Berlin, Küchenetage, 1973.
Im Hintergrund: Kunstgewerbe-Museum und Europahaus

nisch saubere Moderne der sechziger Jahre. Modern ist der Rogers-Entwurf, insofern er auf dem neuesten Stand des Development-Designs ist, die avanciertesten Materialien und Gebäudetechniken einsetzt, den aktuellen US-amerikanischen Standard technischer Ökologie bietet, während in allen diesen Hinsichten der Wettbewerbssieger ganz unbedarft wirkt. In einem historischen Sinne modern ist Rogers schließlich in der Art und Weise, wie er soziale Ziele mit avanciertester Technik und Verkehrsmanagement zu erreichen versucht, während Hilmer und Sattler bewußt konservativ – und entsprechend hilflos – argumentieren, indem sie in der Tat untergegangene historische Lebensformen einmal mehr durch Wiederherstellung ihrer Raumbilder beschwören. Daß ersteres nicht besonders zukunftsträchtig ist, ist deutlich; daß letzteres mit Fortschritt durch Rückschritt identisch sein soll, muß man bei so viel naiver Krier-Ästhetik bezweifeln.
Drittens scheitert jede Diskussion, die dem einen oder dem anderen Entwurf eine höhere ästhetische Qualität zusprechen will. Beide Entwürfe bewegen sich, was die ästhetische Qualität stadtplanerischer Entscheidungen, den Städtebau, angeht, auf den Nullpunkt zu. Beide Entwürfe verzichten darauf, sich am wirklichen Gelände zu reiben, und beschränken sich auf die Ästhetisierung ihres Organisationsschemas. Die Schemata aber sind beidesmal ausgelaugt bis zum letzten. Die Architekten, die die Schemata ausfüllen müßten, hätten beidesmal schlechte Karten.
So muß man also das Feld erweitern. Nimmt man die Wettbewerbsteilnehmer aus der Esplanade-Ausstellung dazu, dann gibt es zumindest eine weitere Position, die, wie der Protest von Koolhaas noch deutlicher gemacht hat als es ohnehin war, bei diesem Wettbewerb den Verlierer stellte. Die Jury hatte unter größtem politischen Druck pragmatisch zu entscheiden, und sie entschied sich für den Entwurf, der die ohnehin schwere Aufgabe nicht unnötig durch ästhetische Nebenkriegsschauplätze zu belasten versprach. Das überwiegende Herumwerkeln mit Emblemen des Geschichtszerfalls, mit Bruch, Wunde und Entscheidungsritual war da wenig hilfreich.
Die dritte Position, die damit in den Blick kommt, ist die einer unbedingten ästhetischen Moderne. Zu den Problemen, denen sich das Büro Rogers stellt, verhält sie sich genauso ignorant wie die ästhetisch konservativen Entwürfe (z. B. Ungers oder Schultes), für die der erste Preis steht. Diesen Entwürfen geht es um moderne Ästhetik im Sinne einer Ästhetik der Modernisierung und Beschleunigung der Erfahrung und der Emotionen. Sie versuchen mehr schlecht als recht, mit ihren Aus-

rufezeichen das Tempo zu markieren, in dem sich Gewohnheiten und Verhältnisse, Bilder und Gebäude, Techniken und Gefühle umwälzen. Es geht um eine flüchtige, konsumorientierte Zeichenbildung, die durch ihr obertöniges Geschrei vom Gebauten ablenkt und den Betrachter thematisiert, kurz, um Medienästhetik. Von dieser Position aus ist der Münchener Entwurf ein Fossil aus einer Welt vor Erfindung der elektronischen Massenmedien. Aber auch der Londoner Entwurf, indem er Technik moralisch versteht und nicht ästhetisch, ist von da aus altmodisch und langweilig (statt die modernen Glasfassaden mit Comics und Werbung zu bespielen, machen sie Ökologie).

4

Weitere Differenzierungen erfordern einen eher pragmatischen Zugang zur Sache: Was ist brauchbar? Brauchbar nämlich für eine Öffnung der Großfigur, die Hilmer und Sattler über das Gelände legen, für ein Hereinlassen von Realität, von Ortsgeschichte, vom Unlösbaren der heutigen Situation mit gekappter Potsdamer Straße und einem Aufladen des Geländes auf der Wüstenei des Kulturforums. Ich behaupte nicht, jede brauchbare Anregung wahrgenommen zu haben. Ich bin mir aber sicher, daß die weiteren Preise dazu nicht beitragen.

Keiner, von Ungers bis Schultes, kommt auf dem realen Gelände an, alle sind im Stadium der Vorstudien, des Sicheinspinnens, steckengeblieben, haben, am wirklichen Platz verzweifelnd, ihre schlüssige Form auf dem Papier vollbracht und mit geschlossenen Augen abgegeben. Bei Ungers, der eine Studie perfekter graphischer Zertrümmerung des Gegenstands geliefert hat (es macht darum überhaupt nichts aus, daß sein Plan in der Bauwelt 41 seitenverkehrt abgebildet wurde), wird man schlechtes Gewissen nicht erwarten, bei Steidle ist es förmlich zu sehen. Daß Schultes von einer anderen Welt als dieser, die wir haben, träumt, wußten wir; das Bestiarium von Alsop und Mitarbeitern dagegen ist ein dreidimensionaler Comic, der sich fürs Gelände, deutsche Ängste und die Probleme der Realisierung ohnehin nicht interessiert. Unter dem Gesichtspunkt der Brauchbarkeit scheint mir dagegen Kollhoffs Entwurf interessant, weil er, was immer man von der Hochhausausstellung denken mag, einen klaren methodischen Schnitt macht, der ein Stück Zeit und Abstand in die vergebliche Gigantomachie der Neuerfindung eines Platzes hereinläßt. Die Innenstadt wird einfach bei dem belassen, was sie ist, ohne Über-

höhung. Dagegen vor dem Tor beginnt der Tiergarten und stehen seine sieben unvermeidlichen Knorpelriesen herum. Das hat immerhin Witz, vor allem jene Schärfe der Differenzbildung, die man in den preisgekrönten Entwürfen (aber auch in allen anderen) vergeblich sucht. Ein solcher Abstoßungseffekt ist aber schon die halbe Wirkung.
Wo sind nun weitere Funde dieser Art? Man sollte alles zusammentragen, denn es gilt ja noch weit mehr zu unterscheiden: die Potsdamer von der Bellevuestraße, die Ebertstraße von der Fläche des Potsdamer Bahnhofs, das Kulturforum vom Reichskanzleiviertel – also die wirklichen historisch-topographischen Himmelsrichtungen mit ihren Zeitschichten, damit man sich überhaupt noch orientieren kann. Insbesondere die Potsdamer Straße als integraler Rest einer Amputation enthält, mit Bäumen, Bürgersteigen, Straßenpflaster, eine fast unheimliche Brechungsmacht. Das zu erhalten, hieße, das Leiden an der Sinnlosigkeit der heutigen Gesamtsituation offen zu halten – damit man später noch weiß, warum alles so kam, und für den Fall, daß man einmal Mut und Geld genug hat, um die Straße wieder zur ehemaligen Potsdamer Brücke durchzulegen. Abstoßungseffekte, in den Plänen so gut wie nie genutzt, bilden auch die beiden anspruchsvollen Altbauten, die noch dastehen. Andere Unterscheidungen hält die Wirklichkeit parzellär bereit: Auf dem Volksgerichtshofsgelände – ceterum censeo – nicht zu bauen, wäre seinerseits ein unersetzliches Stück an Differenzbildung, an historischer, und auch ästhetischer, Kenntlichkeit.

5

Die Zeche zahlt nämlich das reale Gelände. Das Auseinanderklaffen von Entwurfswelten und wirklichem Ort wird praktisch gelöst durch Beseitigung des letzteren. Die Ursachen sind die bekannten: Die Demontage des Geländes nach dem Krieg, der blockweise Verkauf an zwei Großinvestoren, während der dritte, wie der Igel von Buxtehude, schon da war, nach dem Fall der Mauer. Diese unglückliche Vorgeschichte fand ihre Fortsetzung in der Entscheidung, einen städtebaulichen Wettbewerb auszuschreiben, so, wie man sich heute einen solchen Wettbewerb vorstellt – nicht als stadtplanerische Erarbeitung der Vorbedingungen von Stadtfunktion und Architektur, sondern als Zumutung an Architekten, sich und anderen ein Bild zu machen. Diese Verwechslung von Architektur und Stadtplanung ist nichts Zufälliges, sondern hat systematischen Cha-

Potsdamer Straße, Berlin, 1972. Links Haus Huth,
rechts Bayerischer Hof, im Hintergrund die Staatsbibliothek, im Bau

rakter. Sie hat ihren Sitz im Bedürfnis großer Developer, Stadt synthetisch zu erzeugen, als in Zukunft unvermeidliche ästhetische Qualität eines Bürokomplexes. Stanhope's Broadgate in London ist seit zehn Jahren der verbindliche Prototyp der Gattung. Es gibt kein intelligenteres, problembewußteres Beispiel. Auf dem Hintergrund der sozialplanerischen Misere bisheriger Stadtplanung ist diese privatwirtschaftliche Methode von der Politik übernommen worden, als sie begriff, daß Stadtplanung stadtpolitisch entscheidend sein kann.

Während aber ein Developer frei ist zu definieren, für wen er baut und wen er zur städtischen Bespielung seines Komplexes aufs Gelände haben will, hat die kommunale Planung mit der Gesamtheit sozialer Ansprüche zu tun, also mit der wirklichen Stadt. Während es für die Absichten des Developers eine abfragbare Kompetenz gibt – der Rogers-Entwurf erfüllt sie beispielhaft –, stellt sich die unterschiedliche Lage der kommunalen Planung bereits darin dar, daß eine entsprechende Kompetenz auf Architektenseite nicht existiert. Rogers' Masterplan funktioniert genauso wie der von Arup und SOM bei Broadgate, aus dem Gesichtspunkt der Gebäudeerstellung, als die Frage, wieviel Stadt (Geschäfte, Leben, Verkehrsleistung) angesaugt werden muß. Für die Stadt sind die Ausgangsfragen in dieser Eindeutigkeit schlechterdings nicht zu klären, weil es nicht nur ein Interesse gibt, sondern viele und sehr unterschiedliche, mit völlig unterschiedlichen Machtvarianten ausgestattete Interessen. Auch die Obdachlosen wiegen z.B. in der Schale.

Beauftragt man trotzdem Architekten mit der Planung, ohne daß die Grundfragen geklärt sind, erhält man ästhetische Lösungen, die als Form auf dem Papier funktionieren. Wenn das beim Gebäudeentwurf noch einen gewissen Sinn gibt, in der Stadtplanung wird es Unsinn. Denn das Verhältnis von Gebäudekonstruktion und Ästhetik, auf das Architekten trainiert sind, hat in der Stadtplanung keine Entsprechung. Die sozialen, nutzungsbezogenen oder verkehrstechnischen Bestimmungsgrößen von Stadt sind nicht wie ein Gebäude als Raumangebot entwerfbar. Tut man es doch, kommt nur das aufs Papier, was derart objektiviert darstellbar ist: Stadt als privates Bild.

Dieses Bild ist dann gleich doppelt entwertet: Erstens wird es, angesichts der Objektivität der Aufgabe, so trivial, daß einem das Wort Ästhetik schon wieder im Munde stecken bleibt – ästhetisch diskutierbar ist gerade noch das, was an Architektur hervorlugt. Zweitens ist es in seiner bloß ästhetischen Funktionsweise zu schwach, um auch tatsächlich, bei Realisierung, wirksam zu sein – wirksam und nachvollziehbar sind nur die-

jenigen Ordnungen, die auf der Gebrauchsebene des Fußgängers oder Autofahrers auf der Straße tatsächlich die Wahrnehmung und lokale Orientierung zu leiten vermögen.
Die Neigung von Architektenjuries, die formale Schlüssigkeit als Index von Erscheinungsfähigkeit zu behandeln, und formale Schlüssigkeit darüber hinaus weitgehend als Plangraphik zu beurteilen, prämiert bevorzugt eben die Eigenschaften, die in der Wirklichkeit irrelevant sind. Zwischen der auf dem Papier entfalteten Ästhetik und der Schönheit eines Stadtraums gibt es keine notwendige Beziehung. Vielmehr, die Schönheit des Stadtraums ist auf dem Papier gar nicht darstellbar, da sie heute, bei heutigen Wahrnehmungsgewohnheiten und auf dem erreichten historischen Enttäuschungsniveau, mit den vorhandenen geometrischen Formen des neuzeitlichen Städtebaus schlechterdings nicht mehr zu erzeugen ist. Alle diese Formen, wie immer sie zu raffinierten Verschiebungen kombiniert sein mögen, sind leer, erfahrungslos, machtlos, und entsprechend unnütz ist das Gezeichnete. Schönheit städtischer Räume entwickelt sich heute aus ungeplanten Gegebenheiten, also aus der Zeit und dem sozialen Gebrauch. Die Menschen machen die Stadt. Die Ästhetik der Stadtplanung kann also endgültig nicht mehr Sittes Städtebau sein. Die Entwürfe zum Potsdamer Platz beweisen nur den Bankrott dieses Versuchs einer ästhetischen Möblierung der Stadt. So geht es nicht mehr, nicht einmal beim Entwerfen von Investorenquartieren, was schon weit genug von den realen Aufgaben der Stadt entfernt ist.
Die Ästhetik der Stadtplanung muß dagegen projektiv sein, also nicht das Bild entwerfen, sondern die Möglichkeit seiner Produktion. Was man entwerfen muß, ist nicht die Form, von der man im vorhinein weiß, daß sie das, was sie bringen soll, gar nicht mehr enthält, entwerfen vielmehr muß man die Gebrauchsformen und die Zeiträume, aus denen sich städtische Räumlichkeit, und damit Schönheit, reproduzieren kann.

Investitionsarchitektur und kommunale Leitbilder

1

Architektur und Kapital, das ist das Schema von Täter und Opfer, von Künstler und Macht, von Maler und Modell, Figuren aus einer historisch gewordenen Welt. Eben darin liegt das Problem. Ihrer Herkunft nach ist die Architektur Architektur der Macht. Genau das kann sie aber heute nicht mehr sein, weil es den Typus Macht, der die Architektur brauchte und hervorbrachte, nicht mehr gibt.

Die Macht, die sich als Architektur aussprach, war archaische Macht. Religion und Politik, also Totenkult und Kriegsführung, waren die ersten Auftraggeber, und von daher leiten sich alle Aussageformen her, die seitdem Architektur als Architektur qualifizierten, von der Säule bis zur Kuppel. Architektur ist deshalb ihrer Herkunft nach öffentlich. Der private Wohnbau gehörte bis weit ins 19. Jahrhundert hinein nicht zum Bereich der Architektur. Architektur als Phänomen archaischer Macht steht und fällt also mit dem gesellschaftlichen Zustand der Macht.

Macht ist heute diffus und so gut privat wie öffentlich, ohne daß das auch nur über die halbherzigen Vermittlungsversuche des 19. Jahrhunderts wie herrschende Klasse oder ähnliche Auskünfte greifbar zu machen wäre. Die Architekturproblematik, die wir am deutlichsten vor Augen haben, ist die einer Architektur des Kapitals. Das ist das genau entgegengesetzte Extrem – nicht nur, weil daran nichts mehr öffentlich ist, sondern auch, weil es da, jenseits personifizierbarer Herrschaft, nichts mehr zu zeigen gibt.

Die archaische Macht beruht auf Erscheinungsfähigkeit. Wo sie nicht hier und jetzt auftritt, ist sie hinfällig. Kapitalmacht ist umgekehrt ihrem Prinzip nach unsichtbar, ortlos und strukturell. Wenn wir einen Bankensitz in Hochhausform betrachten, sehen wir weder benennbare Macht noch ein besonderes Kapital, sondern nur viel Masse, viel Höhe, teure Technik,

teures Design und ein aufgeklebtes Logo, das das Namenlose hilflos benennbar zu machen versucht. Als Erscheinung, als Epiphanie befragt, ist die Sache vollkommen leer und deshalb eben auch auswechselbar.
Damit ist das Thema Architektur und Macht, was die Gewinnchancen von Architektur angeht, ein toter Ast. Aber man kann auf diesem Ast natürlich riesige Dimensionen realisieren, sehr viel Geld verdienen und manchmal so berühmt werden wie ein Pariser Modeschneider. Das reicht aus, den toten Ast zum Maß zu machen, an dem sich der Beruf mißt. Nur heißt das, daß damit die Frage, wovon die Architektur denn nach dem Tod des archaischen Bauherrn leben könne, verdrängt wird zugunsten der bezahlten Bauaufgabe. Man mißt sich am Maß garantierter Leblosigkeit.
Eben deshalb gibt auch das Gegenüber von Kapital und Architekt für die Erklärung der tatsächlichen Misere der Architektur so wenig her. Die Zerstörung der Bedingungen der Wirksamkeit von Architektur wird vom Kapital zwar bezahlt und dankend entgegengenommen, aber natürlich – wie immer – von den zuständigen Spezialisten geleistet, den Architekten, die, als bewährte Generalisten, sich so leicht keine Aufgabe entgehen lassen. Die Rolle des Entwerfers ist da nur eine unter zahlreichen anderen, und die Akquisitionskonkurrenz ist, wie immer, der Schlüssel zum Verständnis.

2

Was wir empirisch in der Stadt beobachten können, ist, daß Kapital und Architektur, oder: die großen Investoren und die großen Architekturbüros, Hand in Hand gehen. Ich beleuchte kurz den einen und dann den anderen Partner.
Der große Investor ist kein Bauherr im klassischen Sinne. Es handelt sich weder sozial noch von der Vorgehensweise her um eine einheitliche Figur. Die Bauherrenschaft liegt sozusagen bei den jeweiligen besonderen Interessen, je nach dem, ob das Gebaute vom Investor selber genutzt, von ihm als Mietobjekt betrieben oder im Auftrag, oder auf eigenes Risiko, für den Markt hergestellt wird, ob er mit eigenem oder mehrheitlich mit fremden Geld baut, allein oder in Assoziation mit Nutzern und Finanzier. So oder so, handelt es sich um aufgesplitterte Bauherrenschaften, die durchaus nicht konkordieren müssen und sich in der Regel an unterschiedliche Niveaus von Architektur richten.

Was dem Architekten gegenübertritt, ist also die abstrakte Bauherrenschaft des Marktes: welche Nutzflächen-, Investitions- und Bewirtschaftungsgrößen verlangt sind, welche Flexibilität, wie vermietbare Räume beschaffen sein müssen, welcher Branchenmix obligatorisch ist, welche Erschließungen, welche Fassadenstandards. Nach der Investorenseite sind das alles als Branchen- und Expertenwissen bzw. -vorurteile ausgedrückte Bedingungen der Rentabilität, die den einzelnen empirischen Investor weniger als Jäger denn als Gejagten des Marktes kennzeichnen.
Nach der Seite des Architekten stellen die gleichen Marktbedingungen sich bereits zu Typologien geronnen dar. Die Umwandlung der Zwecke in Räume hat immer schon vorher stattgefunden und tritt als Ausgangsidee des Investors dem jeweils beauftragten Architekten gegenüber. Die Architekten tappen also nur in selbstgestellte Fallen. Nach der Regel: wenn nicht ich, dann ein anderer, hat immer schon ein Architekt dafür gesorgt, daß der Entwurf so wenig Spielraum wie möglich hat. Auf jeder Ebene der Projektentwicklung ist dieses Spiel zu verfolgen.
Es beginnt möglicherweise damit, daß der Investor oder sein Projektleiter ausgebildeter Architekt ist und als solcher das verlangte Volumen und die Flächeneigenschaften formuliert. Es geht weiter mit der Herstellung des Vorentwurfs, entweder durch ein unbekanntes Ingenieurbüro, das in Sachen Architektur keinen Namen zu verlieren hat und sich durch Maximierung der Flächen empfiehlt, oder bereits zu diesem Zeitpunkt durch eines jener wenigen Großbüros, die dem Investor Vertrauen einflößen, weil sie bereits bewiesen haben, daß sie das bauen können, was er haben will. Der Vorentwurf bündelt die Nutzungen zu einem Gebäudetypus ‚ohne Architektur‘ und entwirft das Logo der Investition. Dann kommt der eigentliche Entwurf, an ein marktbekanntes Großbüro vergeben, oder bei einem solchen verblieben, oder Ergebnis eines Wettbewerbs; dann die Bearbeitung durch den Bauträger, von der der Entwerfer bereits wieder ausgeschlossen ist.
Es ist eine rein persönliche Sicht, auf der Seite des Entwerfers die Architektur zu sehen und an allen anderen Orten das Kapital. Ob der Entwerfer in einem emphatischen Sinne Architektur macht, wäre erst zu beweisen, und wenn wir von vornherein seine Arbeit als architektonisch bezeichnen, dann gilt für die anderen Ebenen gleiches Recht.
Bei genauem Hinsehen sind denn auch Dr. Jekyll und Mr. Hyde meist ein und dieselbe Person. Es ist deshalb wohl eher ein Selbstbetrug, wenn die Architekten sich genau jenen Investor, den sie, als Büroinhaber, durch ihre eigenen Angebote korrumpieren, zugleich, als Entwerfer, als aufge-

klärten Geldfürsten – von Herzen gut und der Kunst statt der Rendite zugetan – herbeiwünschen, oder ihn, wenn er ihnen vorrechnet, was Ästhetik kostet, als Architekturverhinderer denunzieren.

3

Diese Art, sich selbst in der eigenen Schlinge zu fangen, hat allerdings noch eine weiterreichende Ebene, die der Interessengleichheit gegenüber der Stadt. Die Macht des Kapitals und die Architektur sind ein Wunschpaar, das gemeinsam so tut, als ließe sich Macht noch darstellen. Sie läßt sich nicht darstellen. Was aber möglich ist, ist das gemeinsame Auftrumpfen. Die Architektur bringt zwar nichts mehr zum Erscheinen, und die große Investition ist auch gar nicht erscheinungsfähig, aber beide inszenieren doch, so gut es geht und solange es geht, das alte Spiel.
Die private Investion tritt in der Stadt an die Stelle, die früher die öffentlichen Gehäuse der Herrschaft besetzten. Die Architektur baut zwar für Private, identifiziert sich dabei aber mit dem Schloß- und Tempelbau von einst. Man inszeniert sich als Mittelpunkt der Stadt, als interne Öffentlichkeit neben der öffentlichen Straße, als Platz neben dem öffentlichen Platz.
Nun tun das natürlich alle Investoren, und alle von ihnen beauftragen Architekten. Im Ergebnis banalisieren sich alle gegenseitig. Aber dieses Ergebnis hindert die Beteiligten nicht, die Spirale der Außerordentlichkeit weiterzutreiben. Die Investitionen eignen sich öffentliche Sichtbarkeit an, die öffentliche Würde des freien Vorplatzes, des Heraustretens aus Baufluchten und Blockformen, sie bilden typologisch das Schloß des Fürsten nach, nicht städtische Zivilgebäude, sie versuchen, in wilder Konkurrenz untereinander, die Stadtkrone zu bilden bzw. mit ihrem Namen zu verbinden.
Die Unterdrückung der Unterscheidung zwischen privatem und öffentlichem Raum unterdrückt aber eine der wesentlichen Orientierungslinien von Architektur überhaupt. Architektur wird damit nicht nur verallgemeinert – das klingt nach Gewinn –, sondern vor allem banalisiert. Sie degeneriert im öffentlichen Gebrauch zur Anschaulichkeit von Stadtplanung innerhalb städtebaulicher Ideenwettbewerbe und Gutachten, so wie sie von den Investoren als Visualisierung der Investition benutzt wird, bevor die Finanzierung angegangen wird oder das öffentliche Einverständnis hergestellt werden muß.

Abriß und Neubau, Unter den Linden, Rosmariengasse, Berlin

Die vorhandene Stadt ist der Feind.

Eine entsprechende Verarmung schafft die Unterdrückung der Trennlinien nach innen: der der Blockformen, der Parzellengrenzen, der Gebäudeteile. Es werden damit gerade die Segmentierungen der Bauaufgabe unterdrückt, die sie architektonisch bewältigbar machen würden. Die resultierenden Großkomplexe sind mit den heutigen architektonischen Mitteln nicht mehr zu bewältigen. Sie werden zu maßstäblich vergrößerten Designobjekten, die die Haftung am Ort, den Bezug auf menschliche Körper, auf Bewegungsformen und Wahrnehmungsweisen der Nutzer verloren haben. Der Turiner Architekt Pietro Derossi, einer der klügsten europäischen Architekten überhaupt, die wir haben, hat vollkommen recht, wenn er behauptet, niemand vermöge heute eine Fassade von 100 Metern zu bewältigen. Man sieht es, wohin man blickt.

4

An dieser Stelle verzahnt sich das Handeln von Investoren und Architekten auf jeweils ortstypische Weise mit den Strategien der kommunalen Bauverwaltungen. Diese sind dazu da, gegenüber den Investoren das Gesamtinteresse Stadt zu vertreten, und zwar in der ungemütlichen Doppeldeutigkeit, daß ihnen politisch aufgetragen ist, die Investoren mit allen Mitteln zu ködern und zu fördern, während die Fachbehörde genau weiß, wie verheerend das für die Stadtstruktur ist und was das die übrigen Stadtbenutzer kostet. Worüber kann der Fachbeamte also mit den Investoren reden? Im Grunde nur noch über die Qualität des Architekturangebots, das ihm der Investor macht; für die sozialen Verdrängungen, Abrisse und Verkehrsfolgen hat jener ja längst durch Stadtratsbeschluß seinen Ablaß erhalten.
Die Frage ist also nur noch, wo das Übrige im öffentlichen Äußerungsprozeß abbleibt. Früher oder später bricht es sich Bahn, in Form eines kritischen Verfahrens auf einer eigenen ästhetischen Ebene. In überholender Nachahmung des Investors formuliert der Fachbeamte seinen Gegenstand, die Gesamtstadt, seinerseits als Image: als Leitbild. Er ist plötzlich in der Lage, den Investor mit dessen eigenen Mitteln zu disziplinieren – allerdings nur auf der verbliebenen engen Bühne architektonischer Qualitäten.
So treffen Investoren und Architekten in Berlin auf ein städtebauliches Leitbild, das ihnen die Respektierung der Blockform und die Einhaltung der Trauf- und Firsthöhen von 1900 (22 m bzw. 30 m) auferlegt und

Freigelegte Fundamente der Böhmischen Kirche, Mauer- Ecke Krausenstraße, Berlin, 1994. Der Staat schämte sich nicht, den Kirchplatz als Bauplatz zu verkaufen. Schämt sich der Architekt, darauf ein Geschäftshaus zu bauen?

ihnen, um die sich abzeichnende Eintönigkeit zu mildern, nahelegt, etwa vorhandene Altbauten zu erhalten und unterschiedliche architektonische Handschriften einzubringen. Aus diesen Vorgaben folgt zwanglos eine Reihe von standardisierten Lösungen, deren prägnantere inzwischen im Berliner Antragsdschungel als Markenzeichen des jeweiligen Büros fungieren.

Die einfachste Form ist, daß das amerikanische Modell mechanisch auf die Berliner Blocksituation übertragen wird. Das ist der Fall der Friedrichstadtpassagen und des Checkpoint Charly. Beidemale handelt es sich um große stadtfremde Kapitalkoalitionen. Die Blöcke werden isoliert bearbeitet, als gäbe es ringsum die Stadt nicht, bzw. als sei sie eine feindliche Atmosphäre. Jeder Block wird flächendeckend mit einer Kiste überbaut, in der Mitte befindet sich eine überdachte Öffentlichkeitsanlage. Wesentliche Erschließungen liegen unter Niveau, zum Beispiel U-Bahn-Zugang oder Tunnelverbindungen von Block zu Block. Die Weiterentwicklung der Friedrichstadtpassagen führt von diesem Typus bereits weg: Die Tunnelverbindungen wurden eingespart.

Der nächstangepaßtere Typus ist der des Büros Gerkan, Marg und Partner, prototypisch entwickelt für Equitable und Heftersche Erben Friedrich-, Ecke Leipziger Straße: Der Block wird annähernd so isoliert bearbeitet wie beim vorangehenden Typ, aber immerhin nach allen vier Himmelsrichtungen geöffnet, indem eine Art Passagenkreuz – das Büro war führend am Hamburger Passagenbau beteiligt – den Block wie eine überdimensionale palladianische Villa organisiert. Unnötig darauf hinzuweisen, daß dieser Block an keiner Seite auf die Straßencharaktere reagiert, mit denen er zu tun bekommt, und seine Passagenmünder anbringt, wo die Geometrie es will, umbekümmert darum, ob es situativ paßt.

Das zweifellos lokal angepaßteste Modell führt, aufgrund langer Einarbeitung, das Büro Kleihues. Getreu den Grundsätzen der IBA wird eine Blockrandbebauung angeboten und diese, wo machbar, unterschiedlichen Architekten übertragen. Damit ist ein bestimmtes Maß erscheinender Vielfalt gesichert. Um so eindeutiger – weit eindeutiger als bei den IBA-Bauten – ist diese Erscheinungsschicht unterschieden von der strikten funktionalen Homogeneität des Blocks. Diese organisiert sich in erbarmungslos durchlaufenden, tortenartig überlagerten Nutzungsschichten. Unter Niveau liegen die blockdeckenden Garagengeschosse; über Niveau liegt das Doppelgeschoß für Läden, Restaurants usw., darüber vier Büroetagen, darüber, in den beiden zurückspringenden Attikageschossen, Wohnungen, die über eigene Treppenhäuser erschlossen werden. Der verbleibende Blockinnenraum ist überdacht.

Ästhetisch sind alle aktuellen Berliner Bauprojekte, an Maßstäben bisheriger Architektur gemessen, unter null. Es wird aber durchaus ein ästhetischer Mehrwert erwirtschaftet, der Leitbildobolus. In Berlin wird, angesichts konkurrierender Typen und einer Diskussion um gesellschaftlichen Sinn und Stadtverträglichkeit großer blockumgreifender Komplexe, vor allem klar, wie die Wirkungsräume von Architektur zerstört werden. Ob der Leitbildgewinn, auf den das öffentliche Architekturmanagement, mangels anderer Eingriffsmöglichkeiten, hinsteuert, wirklich eintritt, ist zur Zeit noch nicht abzusehen.

In Hamburg dagegen liegen die Ergebnisse von einem Jahrzehnt öffentlicher Leitbildsteuerung vor. Die Ebene mittlerer Architekturqualität ist unübersehbar geworden, sie durchzieht nicht nur die gesamte Innenstadt innerhalb der Festungswälle, sondern zieht sie zunehmend auch optisch zusammen, selbst über die Schneise der Ostweststraße hinweg. Ebenso kontrahierend, fast schon bis zur Unkenntlichmachung des Einzelfalls, wirkt die dunkle, nur durch Stahlglasteile im Dachbereich aufgehellte Folie der Klinkerverkleidung.

Der Erfolg der Leitbildoperation ist allerdings einer der eiligen, weitgehend automobilen, jedenfalls großräumigen Wahrnehmung. Das Paradigma des Wahrnehmungstyps ist das Stadtmodell. Die ästhetische Vereinheitlichung wird privilegiert gegenüber dem Einzelfall, zugunsten der Ausblendung der am einzelnen Ort vorhandenen Lücken, sei es die im Einzelfall unübersehbare Leere der Fassaden, seien es die nichtaufgelösten Verkehrs- und Verschnittflächen der sechziger Jahre. Nur der große Überblick ist zufriedenstellend.

Die Abblendung der unteren Ebene betrifft aber nun genau das, was bisher Architektur war. Der Leitbildeffekt braucht den guten Einzelfall nicht mehr, er braucht nur den mittelmäßigen Statisten des Gesamtbildes, Architektur ist also innerhalb der Leitbildpolitik bloß eine Beschwörungsformel, die zu ihrem realen Funktionieren die Abgewöhnung der benannten Sache verlangt. Der Leitbilderfolg verdankt sich, anders gesagt, einem Wahrnehmungsstil, der die Gegenstandsebene der alten Architektur hinter sich gelassen hat. Auf sich selbst insistierende Architektur stört, gebraucht werden Leitbildträger.

So gehört zwingend hinzu, daß es sich, sieht man auf die Nutzung, einerseits um eine völlig monofunktionale Veranstaltung handelt, andererseits um jeweils blockfüllende Investitionen. Der ergänzende Wieder-

aufbau der Innenstadt erfolgte und erfolgt nicht anders, als es sich in Berlin abzeichnet: in weitgehend spekulativ errichteten Büro- und Hotelflächen. Es handelt sich um große Dienstleistungsblöcke, unter Preisgabe der parzellären Kleingliederung der herkömmlichen Stadt und der darin aufgehobenen unterschiedlichen Nutzungen und sozialen Zugangsrechte. Der ästhetische Teppich bedeckt funktionale Flurbereinigungen, der ästhetischen Leere entspricht exakt die soziale Öde der so hergestellten baulichen Schließung der Innenstadt.
Damit kommt man an den entscheidenden Punkt: Der Leitbildeffekt ist – ungewollt, aber folgerichtig – die ästhetische Antwort auf die in Gang befindliche Spaltung der Stadt in Hochprofitzonen und Zonen minderer Rendite, damit zugleich in eine Mehrheit, der es glänzend geht, und eine – anwachsende, und dem normalen Bürger zunehmend ähnlicher sehende – Minderheit, die sich die teure Stadt nicht leisten kann. Das Leitbild ist das Bild der teuren Stadt und der betuchten Mehrheit. Daran ist nicht vorbeizusehen: Indem die Ebene Leitbild – mangels politischer Unterstützung – die Frage der nutzungsmäßigen Differenzierung ausblendet und sich auf die erreichbaren ästhetischen Ziele beschränkt, hat sie, ob sie es weiß, nicht weiß oder nicht wissen will, für den unmittelbaren Erfolg Partei ergriffen, und damit für die exklusive Tertiarisierung.

5

Diese Zugehörigkeit der Leitbildproduktion kann nicht überraschen. In München, also am anderen Ende des bundesrepublikanischen Spektrums, hat es das seit Jahrzehnten gegeben, im Rahmen einer völlig eindeutigen, in ihren Ergebnissen inzwischen ausführlich diskutierten Stadtpolitik. Der Hinweis auf München ist gerechtfertigt, weil München zuerst unter den Großstädten der alten Bundesrepublik, im Unterschied vor allem zu Frankfurt und Düsseldorf, ein auf historische Kontinuität und lokale Eigenheiten abgestütztes Leitbild entworfen hat, und ohne diesen langen Vorlauf und den damit verbundenen Image-Erfolg wäre wohl auch die Hamburger und Berliner Übung so nicht durchsetzbar gewesen.
Das heißt nicht, daß die Leitbilder gleich wären – wären sie es, wären sie wenig brauchbar. Sie sind gerade dazu da, innerhalb eines unerbittlichen Konkurrenzkampfes der Großstädte untereinander um Investoren, nationale und internationale Einrichtungen, Kongresse usw. ein unverwechselbares Standortprofil ins Feld führen zu können. Zumindest muß man

also zur Kenntnis nehmen, daß Stadtidentität jeweils als oberstes Kriterium der Leitbildherstellung zählt. Das bedeutet in der Tat – ein brauchbares Leitbild muß sich zwangsläufig auf lokal Vorhandenes abstützen – für München anderes als für Hamburg und Berlin. In München heißt es: Verzicht auf Hochhäuser, Blockrandbebauung, Anpassung der Fassaden an Formen, Farb- und Materialton der alten Stadt, Öffnung stadtöffentlicher Höfe. In Hamburg geht es um die Typologie und Maßstäblichkeit des blockumgreifenden achtgeschossigen Kontorhauses seit 1900, die Benutzung von dunklem Backstein als Verkleidungsmaterial, Bauen am Wasser, Verlegung der Öffentlichkeit in blockinterne Passagen. In Berlin geht es um die Blockformen der Friedrichstadt, Verzicht auf Hochhäuser und sonstige architektonische Überhöhungen, durchgängige Traufhöhe, steinerne Fassade, Verteidigung der Straße.
Man sieht aber auch, daß alle Leitbilder mit demselben Stoff zu tun haben. München hat zwar, mit seinen öffentlichen, nichtüberdachten Höfen, die Nase vorn, was den Zugriff der öffentlichen Stadt auf den Block angeht, aber das Problem ist überall das gleiche: daß auf die Nutzung Zugriff nicht möglich ist. Der öffentliche Widerstand gegen die Tertiarisierung der Stadt beschränkt sich auf ästhetische Opposition. Das klingt nach Mut und ist des Beifalls der Architektenverbände sicher, ist aber völlig gefahrlos. Ästhetische Konzessionen liegen nämlich im Zeittrend – funktionsökonomische ganz und gar nicht nicht.
Nicht zuletzt zeigt das die Wortwahl der Leitbildbeschreibung. Der Berliner Stadtbaudirektor trat 1990 mit einem Programm neoliberaler Strukturbildung an. Heute glaubt er zu wissen, was politisch durchsetzbar ist: Gestalt. Beschrieben wird die Großform Block; wie es innen aussieht, geht niemanden an; die Traufhöhe ist wichtiger als die – politisch nicht diskussionsfähige – Autonomie des einzelnen Segments: Statt Parzelle heißt es jetzt Haus; wobei das Haus eben, wie das Schicksal so will, blockgroß ist; entsprechend interpretierbar ist das einzelne: der erkennbare Eingang, das Dach, die durchfensterte Wand.
Damit sind wir auf historisch wiedererkennbaren Pfaden. Die Rückkehr zum Hausbild war die Reformforderung um 1900 (man lese Paul Mebes' *Um 1800)*, also die ästhetische Seite der Ablösung des liberalen Stadtmodells. Um 1900 bauten die Terraingesellschaften aber immer noch parzelläre Mietshäuser. Das erscheinende Haus propagierte zwar die Abschaffung seiner realen Basis, brachte sie aber noch nicht mit. Heute ist der Wunsch erfüllt. Damit ist jedoch die Berufung auf Gestalt vollends illusorisch. Sie wird Aufforderung zu einer Dekoration, die schon gar

nicht mehr lügen, sondern nur noch danebengehen kann, weil sie in der realen Investition für das, was sie zeigen soll, schlechterdings keinen Anhaltspunkt mehr findet.

Daß wir also wieder bei neoneoneo-klassizistischen Travertinfassaden und hochhüftig und doch bemerkenswert asexuell stolzierenden Stützenreihen angelangt sind, hat natürlich seine boshafte Logik. Anknüpfung an Geschichte ist mit mittelmäßiger Architektur nicht möglich. Architekten, die der Sache möglicherweise gewachsen wären, werden von den auftraggebenden Investoren nicht beauftragt. Die Zwischenschiebung einer typologischen Anknüpfung wird bereits auf der Ebene des Nutzungsprogramms ausgeschlossen. Was also bleibt übrig? Entweder amerikanische Glas-Marmor-Messing-Tapete oder eben, falls es etwas historischer sein soll, demokratisch verdünnter, fugenlos verglaster Speer.

Dem Leitbildbauer, wie gesagt, kann es egal sein – noch so, oder auch gerade so, wird das Leitbild unumgänglich. Aber nicht nur die Stadt, auch die Architektur geht dabei vor die Hunde.

Unter Barbaren

Es geht, unter Hintanstellung aller allgemeineren Erwägungen, um das Haus Friedrichstraße 81, eines der wenigen vorindustriellen Gebäude im Berliner Zentrum. Das Haus hatte, zusammen mit dem Eckhaus Nr. 80, nach der Wende das Pech, zum Brettsein auf dem Spielbrett einer modernen Blockbebauung zu werden. Die Blockneubebauung, um die es geht, ist das sogenannte Hofgarten-Projekt: Bauträger Hines, Finanzier Bayrische Hypo, Nutzer Four Seasons Hotels, Planung J.P. Kleihues. Das Projekt fiel schon im frühesten Stadium auf durch seinen nonchalanten Umgang mit vorhandener Bausubstanz.
Erheblicher öffentlicher Unmut hat inzwischen dazu geführt, daß das Hinterhaus des Weinhauses Borchardt (Französische Straße 47) wenigstens als Gebäudeteil erhalten bleibt. Nun geht es um ein anderes Hinterhaus, das der Nr.81 in der Friedrichstraße. Auch dieses Hinterhaus steht dem Neubau im Wege. Lange behalf man sich, indem man es einfach falsch zeichnete. Auf dem Papier, für die Genehmigungsbehörde, war es mirakulös so weit verkürzt, daß die geplante Tiefgarageneinfahrt dahinterpaßte. Für die Architekten war offenbar ein Problem nicht zu erkennen: Anbau 19. Jahrhundert, das übliche, eng und klein. Jedem aufmerksamen Betrachter fällt allerdings die Besonderheit dieses Hofes auf, ein in sich geschlossener Kleinort inmitten der groben Kaliber, die heute die Friedrichstraße dominieren. Der bloße Takt erforderte es, um eine solche Baugruppe einen Bogen zu machen, sich danebenzustellen statt sich ihr überzustülpen, und wenn dreimal darüber eine Erschließung neu gedacht werden muß. Aber das ist zu viel verlangt. So muß erst die Denkmalpflege auftreten.
Das Haus Nr. 81 gibt das glücklicherweise her. Es ist meiner Kenntnis nach das älteste erhaltene Gebäude der Friedrichstadt. Vorderhaus, Seitenflügel und Quergebäude wurden in den Untergeschossen in einem

Zusammenhang wohl um 1700 erbaut. Eine Denkmalpflege, die sich vor ein derartiges Gebäude stellt, tut nur das Selbstverständliche.
Was soll man, umgekehrt, aber von Architekten halten, die eine Treppe nicht verlegen können? Man müßte sie, wenn es wirklich um die Treppe ginge, noch einmal auf die Hochschule schicken. Aber die Treppe ist nur Vorwand bzw. Symptom. Dahinter stehen die knallharten Forderungen der Investorengruppe. Maximale Ausnutzung setzt sich um in entsprechend rigide Architektur. Diese Architektur kann sich natürlich nicht mehr bewegen, erst recht nicht auf alte Häuser Rücksicht nehmen. So stapeln sie ihre Massen über die vorhandenen Gebäude, daß es nur so kracht.
Und dann stellen sie sich hin und reden von Baukunst. Ihr Tun verdient nur einen Namen, den der Barbarei.

Nachsatz 1994: Das Hinterhaus ist gerettet. Aber dafür dürfen auf das zugehörige benachbarte fünfgeschossige Eckhaus, ein eingetragenes Baudenkmal, zwei Geschosse draufgepackt werden.

III Über die Grenzen

Wie lesbar ist die Geschichte? Überlegungen während des Wettbewerbs ,Topographie des Terrors' in Berlin

Es klingt wie die Geschichte vom gallischen Dorf, ist aber wahr und alles andere als erbaulich: Inmitten allgemeiner Landnahme, regierungsseitiger wie privatinvestorischer, gibt es im wiedervereinigten, von Investoren und Ministerialbeamten belagerten Berliner Zentrum noch immer einen Ort erbarmungsloser Vergangenheit. Es ist ein Ort, der letzte dieser Stadt, die bis 1989 entlang der Mauer an ungenutzt offenliegender Vergangenheit so reich war – ein Niemandsland, das nur der Geschichte gehört.

Die Sache hat überhaupt nichts Ungefähres. Es handelt sich nicht einmal um einen übriggebliebenen Häuserblock, vielmehr, die Schwelle zum Gelände ist grundbuchscharf beschrieben. Es handelt sich um das Grundstück von Himmlers Reichssicherheitshauptamt. Zentimeter daneben, ungeachtet des angrenzenden Ungeheuren, gehört das Gelände der Bundespostverwaltung, die nicht im Traum daran denkt, zugunsten des Gewesenen an ihren Parkplatzquadratmetern irgendwelche Abstriche zu machen. Realistischer kann die Szene gar nicht sein. Wir befinden uns im normalen Berlin des Jahres 1992.

In seiner Einzigkeit wird der leere Ort nun auf eine ganz neue Weise zum Spiegel der übrigen, sich brachial verändernden Stadt. Angesichts der fiktiven Außerordentlichkeit, die die Bauherren jeder Couleur Tag für Tag für ihr jeweiliges Landnahmeprojekt lautstark behaupten, ist dieser Ort der einzige wirkliche außerordentliche Ort Berlins. Er ist es geblieben, und er soll es weiter bleiben.

Nun steht aber eine Baumaßnahme an, und mit ihr noch viel mehr. Wenn es schiefgeht, werden wir die Verbeamtung des Ortes haben. Damit das nicht der Ausgang ist und der offene Ort uns erhalten bleibt, muß jetzt aufgepaßt werden.

Dazu reicht es keineswegs aus, die Geschichte dieses Ortes, seinen Weg vom handwerklichen Einwandererviertel zum SS-Quartier und zur Nachkriegsbrache im Kopf zu haben. Es müssen vielmehr deutliche Fragen gestellt werden: Was bedeutet dieses offene Gelände im heutigen Stadtkontext? Trauen wir ihm zu, für sich selber zu sprechen? Auf welche Ästhetik setzten wir im Umgang mit unserer Geschichte, oder wollen wir lieber Belehrung? Hält man die Besucher für fähig, das nicht mehr Vorhandene zu sehen, oder muß ihnen Didaktik zuvorkommen?

Im heute vorhandenen historischen Ergebnis sind alle historischen und sozialen Unterscheidungen, die diesen Block einmal zu einem Teil der Stadt gemacht hatten, untergegangen: das Kompendium von Geschichte, das das Parzellengefüge des Blocks einmal war, der Kanon der gesellschaftlich tragenden Unterschiede, von Palais und Bürger- bzw. Mietshaus, von obrigkeitsstaatlichen und bürgerlichen Einrichtungen, von Wohnen, Produktion und Verwaltung, von Haus und Garten, von Altem und Neuen. Wir haben, nach dem Ende des Krieges nur noch die molare Einheit des Blocks, oder Blockteils, eine Fläche verlorener Stadt: zerstörter Geschichte, zerstörten Stadtzusammenhangs, zerstörter Stadtgesellschaft.

Das heutige Berlin ist nicht imstande, diesen Reichtum an Differenzierung hervorzubringen. Dieser Reichtum ist, aufgrund des eben hier Geschehenen, unwiederbringlich verloren, und die leere Fläche zeigt es. So paßt das Gelände vollkommen in das heutige Schema der Wiederauffüllung der wiedervereinigten Innenstadt, wo Block für Block staatliche oder Bürofunktionen abgeladen werden, ohne den Einspruch einer auf ihrem eigenen Recht auf Wiedererkennung und Beteiligung beharrenden Stadtgesellschaft.

Niemand soll meinen, hier würden zwei Sachen zusammengebracht, die nichts miteinander zu tun haben. Der Nationalsozialismus war keine bloße Monstrosität. Er war ebenso eine autoritär durchgesetzte Modernisierungsbewegung, die die Voraussetzungen herstellte für unsere so merkwürdig prompt einsetzende Nachkriegsmoderne. Große Teile unserer heutigen Verwaltungs- und Baurechtsrationalität stammen aus der NS-Zeit, da erst die Nazis die Rücksichtslosigkeit aufbrachten, die im Bismarck-Reich noch respektierten gesellschaftlichen und regionalen Partikularismen wegzuräumen.

Darauf beruht die Eintönigkeit Nachkriegsdeutschlands, sowohl in der DDR- als auch in der BRD-Ausgabe. Daß es heute in Berlin so einfach ist, mit dem Boden umzugehen, weil alle historischen Haftpunkte zerstört wurden, ist nicht nur Folge des Bombenkrieges, auch nicht nur DDR-Erbe, sondern durch die so sehr mit Gesetzen und Verwaltungsmaßregeln wie mit Lager, Gas, Strang und Beil absolvierte Arbeit des Nationalsozialismus im Boden und im Gefüge der deutschen Gesellschaft vorbereitet (nicht zuletzt auch durch die sogenannte Arisierung jüdischen Besitzes). Es gibt in der in Berlin-Ost und anderswo laufenden, durch Einigungsvertrag und Beschleunigungsregeln organisierten Reprivatisierung des städtischen Bodens nichts Harmloses, keine Normalität, die nicht ihre monströsen Schatten hätte.

Damit ist der Wirkungshorizont umschrieben, in dem alles das steht, was jetzt für das Gelände vorzuschlagen ist. Das Gelände ist, als negativer Text, eine notwendig und sinnreich leergewischte Tafel. Nur das Unvermeidlichste kann da noch eingetragen werden. Die wesentliche Botschaft ist die Leere selbst, das Bild der unter der Bürokratie des Terrors zusammengebrochenen städtischen Vermittlung. Das Gelände ist aus der Stadt herausgefallen, es kann darum, wenn man das begriffen hat, weder in seiner Leere monumental überhöht noch für gutgemeinte didaktische, kulturelle und soziale Zwecke reparzelliert werden.

Es ist deshalb auch ein Glück, daß der höchst fragwürdige erste Preis des Gedenkstättenwettbewerbs von 1983 nicht realisiert wurde: Er hätte den Ort geschlossen, der nur als offener von Nutzen ist. Der heutige Zustand, die freie Fläche mit den provisorischen Schutzmaßnahmen und der punktuellen Ausstellungssituation ist der denkbar beste.

Jetzt geht es gerade um den heikelsten Punkt – nicht mehr ums Gesamtgelände überhaupt, sondern darum, wie diese punktuelle Situation aussehen soll. Unvermeidlich öffnet dieser Übergang vom unglaublich geglückten Provisorium zur dauerhaften Einrichtung einen Darstellungsspielraum, der das ganze Thema noch einmal aufrollt. Daß dieser Spielraum fiktiv ist, wem kann man das klarmachen? Allein schon das laufende Verfahren selber, die Einladung von 13 Architekturbüros an einem kooperativ sein sollenden Wettbewerb, widerspricht dem: Zu was anderem sollen und können diese Büros antreten wenn nicht zu einer ästhetischen Konkurrenz, die den eröffneten Spielraum, fiktiv oder nicht, maximal zu nutzen hat?

Deshalb ist es unvermeidlich, an die Lehre zu erinnern, die aus dem schwierigen Wettbewerb von 1983 zu ziehen war. Diese Lehre ist einfach: Jede ästhetische Anstrengung, die meint, sie müsse sich mit dem Grauen des auf dem Gelände Geschehenen messen, ist von vornherein zum Scheitern verurteilt. Das hält keiner durch, und es führte nur einmal mehr

zu ungewollten Ähnlichkeiten. Die Strategie kann, umgekehrt, nur sein, zu differenzieren und zu minimalisieren.
Das, was der Zugriff des Nationalsozialismus aus dem Gelände herausgeworfen hat, muß, wenn es schon nicht wiederherstellbar ist, so differenziert und minimalistisch wie möglich zur Sprache gebracht werden. Angesichts des Ausmaßes des Terrors wird nur das Kleine überhaupt faßbar und merklich sein. Man muß etwas hinsetzen, das gekonnt klein und verfeinert ist – gemessen an dem, was erinnerbar und als Zerstörung und Leere anwesend ist. Es geht nicht darum, als Zeugnis mit der Zerstörung zu konkurrieren und maximal ergreifen zu wollen, sondern dadurch zu wirken, daß man sich der Konkurrenz entzieht.
Vor allem geht es nicht mehr um ein Mahnmal, sondern um ein einzelnes Gebäude, einen Zweckbau. Das Entwerfen dieses Zweckbaus soll nicht wiederholen, ersetzen oder konterkarieren, was bisher geleistet und Konsens ist. Man muß sich also schon fragen, was – aus dem Umkreis architektonischer Leistungsfähigkeit – da überhaupt abverlangt wird. Bedenkt man, welche Mittel der Stand der Architekturentwicklung heute bereithält, dann sind es drei typische Architekturverständnisse, die sich eine Chance ausrechnen könnten, an das Inhaltliche der Aufgabe heranzukommen. Das ist, erstens, Architektur als steinernes Haus, die mit dem frühgesellschaftlichen Bildarsenal von Kuben, Oberflächen und Öffnungen – in der verzweifelten Voraussetzung, diese Nabelschnur transportiere noch ausreichend Herzblut – Ausdruck hervorzubringen versucht. Das ist, zweitens, die technische Architektur, die nicht einfach auf High Tech setzt, sondern mit der – wie immer fraglichen – Gleichung von der demokratischen Leichtigkeit auftritt, viel Glas und Stahl, wenig Sichtbarkeit des technischen Aufwandes, um damit die Durchsichtigkeit unserer selbst auf unsere Vergangenheit zu belegen. Das ist, drittens, die expressive, sagen wir: dekonstruktivistische, Geste, die durch das Splittern der Form, ob steinern oder hightechmäßig organisiert, zu symbolisieren sucht, wie zerbrochen unsere Geschichte ist, ein Symbolisieren, dessen Scheitern im gerade in Berlin im Bau befindlichen Jüdischen Museum sein Beispiel hätte.
Alle drei Formen sind in der gegebenen Situation unangemessen. Sie werden sich zwar realisieren, aber dabei allesamt versagen. Das einzige, das hier gebraucht wird, ist etwas ganz Bescheidenes, ähnlich dem Vorhandenen, und wir wissen ja, daß das immer das schwerste ist: ein Entwerfen, das keine der drei habbaren Formen vorschlägt, sondern von

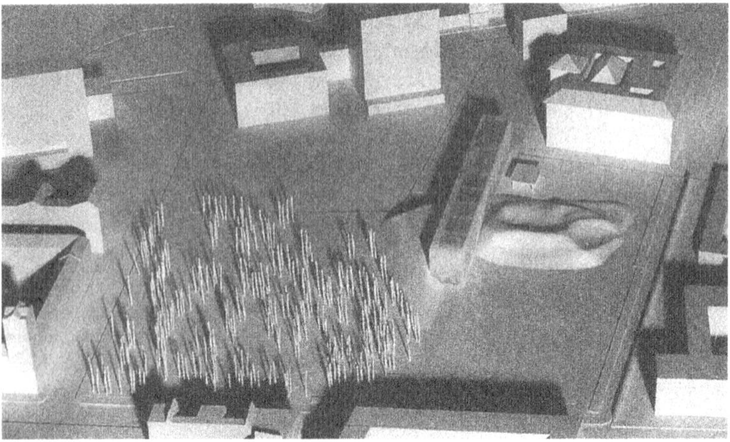

Wettbewerb ‚Topographie des Terrors', 1. Preis, Peter Zumthor:
Der undekorierte Schuppen ist möglich.

sich selber Abstand nimmt und eine reine Dienstleistung vollbringt. Das wäre die vierte Architektur: der undekorierte Schuppen.
Daß heißt nicht, auf Ästhetik zu verzichten. Es heißt aber, die ästhetische Kompetenz an einer anderen Stelle zu sehen und zu respektieren. Das verweist auf die Grundfrage ästhetischer Maßstäbe in einer aufgeklärten, darstellungslos gewordenen Gesellschaft. Die ästhetische Kompetenz liegt, wenn nicht bei den Künstlern und nicht bei den Architekten, dann bei der Wirklichkeit – in diesem Fall: beim vorhandenen Gelände selber. Die Ästhetik, um die es geht, ist uns aus der Kunstszene vertraut, eine Ästhetik der Ablösung der ästhetischen Handlungen vom Autor, eine Ästhetik der Strukturen und Ereignisse, die sich aus dem Lauf der Dinge ergeben, eine Ästhetik, die auf der Leistung einer sensiblen gesellschaftlichen Wahrnehmung beruht, die im Vorhandenen die ästhetisch wirksamen Figurationen entdeckt und zeigt, eine Wahrnehmungsästhetik also, die das subjektive sterbliche Erinnerungsvermögen zu dem relevanten Kunstraum und Museum macht, in dem ästhetischen Ereignisse eingebracht, genossen, gespeichert und reinvestiert werden.
Eine solche Wahrnehmungsästhetik ist auf immer seltenere Kompetenzen der Mitspieler und immer seltenere Eigenschaften des Wirklichen angewiesen, nicht zuletzt auf eine buchstäbliche Materialität, an der sich etwas zeigen kann, Zeit, Verfall, Beanspruchung, Erinnerungsspuren. Die gewünschte Leistung, gerade im vorliegenden Fall, ist also, daß das Gebaute gerade nicht ästhetische Perfektion vorspielt, also Ewigkeit und sofortige Aufgehobenheit in die Kultur signalisiert, sondern den Gebrauch offen läßt, das Spätere, das, was es werden wird und kann durch die Rahmenbedingungen, Gelände und Nutzer.
Es handelt sich um den offensten, radikalsten Punkt Berlins. Es soll in hundert Jahren noch der offenste Punkt sein. Es ist nur angemessen, an diesem Punkt die Frage der Leistungsfähigkeit von Architektur und Ästhetik einmal ganz zu Ende zu denken – auch wenn wir alle wissen, daß Architektur wie üblich gemacht werden wird, daß entschieden werden wird wie üblich, und daß gebaut werden wird wie üblich, bis zur Unkenntlichkeit der Sache.
Dabei ist nicht zu vergessen, daß die Architektur nur die oberste Schicht bildet. Der harte Kern der Entwurfsaufgabe ist das neue Raumprogramm für die beabsichtige Internationale Dokumentations- und Begegnungsstätte. Da liegen die realen baulichen Spielräume, und ihre Ausnutzung geht vermutlich erst recht in die Richtung, das in der Natur des Geländes liegende Minimierungs- und Differenzierungserfordernis zu unterlaufen.

Aus dem bisherigen, didaktisch betreuten Schaufenster wird ein wirklicher Apparat werden. Der Apparat ist im Raumprogramm bereits zur erheblichen Eigengröße gediehen, bevor Architekten überlegen, wie sie die Aufgabe packen. Im Flächenbedarf stellt sich die Hauptsache bereits dar, die Institutionalisierung des Stolpersteins. Es gibt feste Stellen, damit also auch die üblichen BAT2-Arbeitsplätze und ihre ötv-gesicherte Ausstattung, wie, vermute ich, Büro, Personalräume, Handbibliothek und Leseraum, Medienstützpunkt, neutrale didaktische und Begegnungsflächen, Teeküchengemütlichkeit, Heizzentrale usw. usw.
Der architektonische Spielraum dafür, daß der Ort seine Ungewöhnlichkeit behält und nicht zur Standfläche einer Einrichtung wird, die sich zur Hauptsache aufbläht, ist also nicht sehr groß. Das Unbehagen geht aber weiter. Die Architekturaufgabe ist nur die Durchgangsstation innerhalb der zu befürchtenden Normalisierung des Ungewöhnlichen. Sie ist, deutlicher gesagt, dieses Übergangsinstrument innerhalb einer gerade noch offenen Konkurrenz um die Deutung des Geländes.
Alles bisher Gesagte geht von der Voraussetzung aus, daß der Ort selber sprachfähig ist. Daß man nachhalf, einige Fundamente freilegte und sicherte, Hinweisschilder aufstellte, ist gut und richtig. Das hat die Sprachfähigkeit ja bewiesen und bereits ausreichend besucherfreundlich abgestützt.
Die Gefahr, die sich jetzt abzeichnet, ist, daß Deutung und Didaktik zur Hauptsache werden. Verdienstvolle Sicherung und Verwaltung des Ortes gehen da, für die Beteiligten vermutlich nicht mehr unterscheidbar, durcheinander. Was durch den laufenden Wettbewerb überhaupt nur zu entscheiden bleibt, ist nicht das Daß, sondern das Wie: Welchen Stellenwert räumen wir dem Erklären ein? Zu befürchten ist die Verselbständigung des Erklärungsbetriebs. Die Erklärer haben ein arbeitsplatzspezifisches Mißtrauen gegen die Selbsterklärungsmacht des Geländes, und dieses Mißtrauen ist de facto der Grundstock der neuen Einrichtung, die gebaut werden soll.
Das ist verständlich, aber kein Grund, dem über ein bestimmtes Maß hinaus nachzugeben. Die wohlgemeinte didaktische Vernichtung des Ortes muß verhindert werden – also das Übergewicht der Einrichtung über den bis jetzt leeren Ort. Der Ort wird sonst zum Vorwand des Erklärens, der die Lernanlässe zu liefern hat und dafür eingerichtet und kanalisiert wird wie andere didaktische Räume auch.
Er kann nämlich immer noch auch die Hauptsache bleiben, autonomer Ort. Es gilt hier also, eindeutig zu sein und den Streit zu suchen, statt

den Konflikt dem lieben Frieden und der Nichtgefährdung ausstehender Finanzierungen zuliebe, auf Kosten des Ortes auszuweichen. Wir haben in Berlin keinen anderen, vergleichbaren mehr.

Zumutung Berliner Schloß – und wie man ihr begegnen könnte

1

Viel zu oft stehen sich nur zwei für alle Beteiligten viel zu bequeme Positionen gegenüber, die Befürworter und die Gegner. Beide sind ihrer Sache denkbar sicher. So sind sie wie gemacht dazu, die Debatte unendlich zu verlängern, weil die einander ausschließenden Gewißheiten sich hervorragend ergänzen, und ein Verständnis der Gründe des anderen von vornherein ausgeschlossen ist. Eine Diskussion also ohne Ansteckungsgefahr.

Was kann man dem entgegenstellen? Gewißheiten sind schön, aber es sollten, altmodisch geredet, solche des Herzens sein. Ob es solche sind, läßt sich eigentlich nur daran messen, ob sie den Zweifel ertragen. Herzensdinge erkennt man daran, daß sie gegen Zweifel nicht geimpft sind. Ob es um Liebe, Schönheit, wahr und unwahr, Schuld und Unschuld geht oder was dergleichen uralte Dinge mehr sind, immer ist etwas Angst dabei. Im Sicheren ist nur, wer auf Rechnungsarten, Logik, naturwissenschaftliches Beweisen vertraut, also Gefühl und Leiden aus seinen Stellungsnahmen ausschließen kann. Sobald mans heranläßt, ist der Zweifel da, die Angst des Verlustes, des Irrtums. Der innere Eifer, dem es ums Wichtige geht, will es so.

Die Frage, ob wir es uns leisten wollen, und überhaupt leisten dürfen, das Berliner Schloß wiederaufzubauen, ist, wenn irgendetwas in der Stadt, eine solche Herzensfrage. Man kann sie also auch nicht jedermann klarmachen. Wer die Trümmer in der Kindheit noch gesehen, wer sich mit dem historischen Bau beschäftigt hat und seitdem immer neu auf die leere Fläche zwischen Spree und Spreegraben kam, die zur Zeit noch Marx-Engels-Platz heißt, kann nicht anders, als sich an dieser Leerstelle wieder und wieder zu reiben. Ob es um die Stadtmitte, die deutsche

Geschichte, Preußen, oder Schlüters unvergleichliche, auf kaum deutbare Weise erschütternde Architektur geht, immer wird, wer verletzbar geblieben ist, unter dieser mächtigen Abwesenheit leiden und planend an unverhoffte Wiederkehr denken.
Eben darum ist die Frage mit allen Zweifeln besetzt: Dürfen wir das? Kann man nach 40 Jahren Verlust den abgerissenen Faden wieder anknüpfen? Welcher Umgang mit Geschichte ist das? Ordnet sich das nicht ein in eine ganze Reihe furchtbarer Wiederanknüpfungen, das Geschrei der Schlesierfunktionäre, die Geschäfte im Osten, als wäre er wieder unser, die ungeheure Schamlosigkeit, mit der die KZ-Firma und Zyklon-B-Produzentin IG-Farben, als Kriegsverbrecher seit 40 Jahren zur Auflösung verurteilt, ihre ostberliner und ostdeutschen Grundstücke zurückfordert, usw.? Heißt das Wiederanknüpfen an diesem Punkt nicht, die Greuel der Nazi-Zeit ungeschehen machen wollen?
Nachdenken heißt, zu prüfen und zu unterscheiden. Die Wiedervereinigung haben zumindest die Westdeutschen sich nicht ausgesucht (leider), aber wir haben sie uns auch nicht vorzuwerfen. Worauf es ankommt, ist, damit vorwärtsschauend und historisch verantwortlich umzugehen. Dazu gehört zum Beispiel das Ja zu einer Hauptstadt Berlin – bei allen Bedenken. Das Schloßproblem ist aber mit dem Hauptstadtproblem nicht identisch, auch nicht mit dem der Ostgrenze und nicht mit dem des neuen Rechtsradikalismus, der neuen – modernen wie altdeutschen – Fremdenfeindlichkeit, usw. Es ist zu wichtig, um es als Beispiel für die allgemeine Lage und das allgemeine Unbehagen abzuhandeln und nur wieder das bestätigt zu finden, was man sowieso schon gedacht hat. Es reicht vollkommen, das Schloßthema als das Thema dieses einen nur noch vorgestellten Bauwerks mitten in Berlin zu nehmen und es in der Weite des Horizonts zu diskutieren, die zu ihm gehört. Schafft man das, wäre schon unendlich viel gewonnen.
Notwendig reibt sich das Thema an Vergleichsfällen. Wenn die Synagogenfassade in der Oranienburger Straße goldblitzender denn je wiederhergestellt wird, so macht mich das, weil es unweigerlich auch der fahle Glanz deutschen Wiedergutmachen- und Ziehen-wir-einen-Schlußstrich-Geldes ist, auf eine abergläubische Art betroffen, so oft ich die Kuppel im Stadtbild sehe. Aber der Wiederaufbau wurde niemanden aufgezwungen, sondern er wird bewußt von der heutigen jüdischen Gemeinde getragen, als Zeichen dafür, daß der Holocaust bei allem maschinellen Massenmorden nicht einmal sein kleinstes Ziel erreichte: daß es in Berlin keine Juden und keine Stätten jüdischen Geistes mehr geben solle. Un-

weigerlich also ist die Kuppel auch Zeichen für das Scheitern der Nazis und ein Mahnmal für das unendliche Schicksal der Kinder Israel.
Eine ganz andere Frage ist es, ob z.B. die Heilig-Geist-Kirche in Potsdam wiederaufgebaut werden soll. Bloße Anhänglichkeit wäre ein schlechter Ratgeber, zwingende nationale Gründe gibt es, soweit ich sehe, nicht. Zerstörung und Abriß sind hier wesentlich weniger zufällig: Immerhin ist diese Kirche durch den Tag von Potsdam geschändet worden, das Symbol für die Konstellation von Nationalsozialismus und Armee, die das ganze Morden der Nazis erst möglich machte, mehr noch als daß es ihnen in den Sattel half (das taten die Konservativen, die an der Kirche als Symbol hingen, auch). Die Wiederherstellung der Potsdamer Stadtstruktur hängt nicht an ihrer Wiederherstellung. Ob in diesem jüngsten Gericht die Unersetzlichkeit von Gerlachs Turmarchitektur ausreicht, möchte ich bezweifeln. Jede Form des Umgangs mit diesem Fall aber müßte beißend kritisch sein – wie eine Wiederholung des Glockenspieles – Üb immer Treu und Redlichkeit – nur erträglich wäre, wenn sie in der Kleinbürgermoral das Mörderische erkennbar machte.
Noch ein anderer Fall ist das Potsdamer Stadtschloß. Es steht den Ereignissen, die zu seiner Zerstörung führten, ferner. Darin rückt es in die Nähe des Berliner Schlosses. Ihm fehlt aber gerade jener Überschuß an Nichtwegdenkbarem, qualitativ Unersetzlichem, das das Berliner Stadtschloß zum Trauma macht. Das Potsdamer Stadtschloß ist strukturell ersetzbar, Hauptsache, man besetzt den Platz wieder, und besetzt ihn gut, besser als der jetzt zu Recht abgerissene Theaterklotz.
Diskutiert man auf diesem Hintergrund die Frage einer Wiederaufnahme des Schloß-Themas, dann geht es darin sicher um das Schicksal der Deutschen. Es wird aber auch deutlich, daß das Wiederaufbauverbot, soweit es im Namen der deutschen Geschichte ausgesprochen wird, seinerseits von einer Art Tauschhandel ausgeht: die Schloßzerstörung zählt, wie bis 1990 die deutsche Teilung, zu den Sühnopfern für die historische Schuld, die wir Deutsche auf uns luden. Sich wiederzuvereinigen und schließlich sogar das Berliner Schloß wiederaufbauen zu wollen, das hieße, das Opfer zurückzunehmen.
Es genügt, das so auszusprechen, um das Unzureichende der Unterstellung deutlich zu machen. An der deutschen Geschichte von 1933 bis 1945 ist – von den juristisch korrekten Einzelprozessen, die man sich ja auch weitgehend erspart hat, abgesehen – nichts zu sühnen und nichts zu bewältigen. Was geschehen ist, ist unsühnbar und unbewältigbar, es entzieht sich dem Zuständigkeitsbereich innergesellschaftlicher Verfügungs-

möglichkeiten. Auch entsprechende historische Schicksale – in der Antike hätte man ein solches Volk rücksichtslos liquidiert, deportiert, in die Sklaverei verkauft und seine Städte definitiv zerstört – stehen, einmal der Zweite Weltkrieg beendet, nicht mehr zur Verfügung. Opfer aber, um die Götter zu besänftigen, sind vollends nicht mehr politisch diskutierbar.

Trotzdem ist es unvermeidlich, diese Fragen immer wieder zu stellen, weil die Unmöglichkeit der Sühne nicht die moralische Erwartung aus der Welt räumen kann, es müsse so etwas eigentlich geben. Das Schloß mag dabei ein relativ unbedeutendes Detail sein. Ob das Schloß vergessen wird oder städtebaulich wieder erfahrbar gemacht wird, ändert am Geschehenen nichts, bringt keinen der Gemordeten zu neuen Leben. Es nützt auch nicht der Erinnerung. Im Gegenteil, es hilft mit, sie zu verhindern. Denn der Schloßabriß war Teil eines Versuchs, einen abstrakten Strich zwischen Gestern und Heute zu ziehen. In DDR wie BRD lebte man gleicherweise selbstgerecht und selbstvergessen aus dem Neuanfang. Der aber ist eine Lüge gewesen.

Es wäre andererseits übertrieben zu sagen, dem Schloß neuerlich einen realen Platz zu geben, helfe der Erinnerung auf. Das wäre nicht wahrer als die Gegenbehauptung. Man kann sich aber klarmachen, wo die Bedingungen des Erinnerns liegen. Wenn es den historischen Raum der Geschichte und des historischen Schicksals gar nicht gibt, dann ist auch kein Platz da für Erinnerung. Solange es keine konkreten Orte gibt, sondern alles nur Wissen über eine Vergangenheit ist, die offenbar in einer ganz anderen Stadt stattfand, kann das Wissen nur abstrakt sein. Den Verlust des Schlosses zu bearbeiten, ist ein winziger Baustein zum Wiederlangen von historischer Kontinuität, mithin von Zurechnungsfähigkeit. Nicht um Geschichte zu leugnen, sondern gerade umgekehrt, um überhaupt einen Ansatz zu haben, Geschichte zu erinnern und weiterzuführen, sollten wir uns um das Schloß kümmern.

Der Herzenswunsch ist einer der Schlüssel zur verschlossenen Kammer der Geschichte, in der die Millionen Ermordeten auf Gedächtnis seitens der Nachkommen der Mörder warten. Er ist ein Schlüssel, der Chancen hat, wirklich auch zu öffnen. Nur wenn wir uns selber unser Herz zutrauen, haben wir Herz genug, an das zu denken, was wir – als Volk u.a. von Mitläufern, deutschen Müttern, Hitlerjungen, Blockwarten, Soldaten, Rüstungsarbeitern usw. – 1933–1945 geleistet haben. Gerade weil das Schloß, wegen seiner Herzenswichtigkeit, unter den fiktiven Tauschhandel fällt, muß es wieder in die Wirklichkeit.

2

Aber auch das ist ganz sicher nicht genug, um den Wunsch der Wiederkehr zu rechtfertigen. Das Argument mag für vieles gelten, es ist jedenfalls auch nicht auf der Höhe gerade dieses Falles. Die Sache, in die das Schloß verwickelt, ist gefährlicher. Man würde noch immer das Schloß als Beispiel benutzen, statt umgekehrt sich den Fragen zu stellen, die das abwesend anwesende Gebäude uns – auf vielen Ebenen, als Deutsche, Berliner, Abkömmlinge preußischer Familien, Stadtplaner, Architekturliebhaber usw. – stellt. Wir haben es mit einem Gegenstand zu tun, der gerade dann, wenn er nicht als Stellvertreterfall debattiert wird (wie zum Beispiel das Lenin-Denkmal oder der Palast der Republik), seine eigentliche, uns selber auf Herz und Nieren prüfende Schärfe zeigt, seine eigene deutsche Geschichte.

Es geht beim Schloß nicht einfach um das kunsthistorisch, historisch oder städtebaulich wichtige, gar unersetzliche Gebäude. Man muß sich auf die politisch-ästhetische Besonderheit dieses Gebäudes einlassen, auf seine unvergleichliche Verknüpfung von Ort, Geschichte und ästhetischer Sprachfähigkeit. Es geht um eine Schicksalsarchitektur, die eben gerade diese Sprache sprach, in der es noch möglich war, von Schuld und Sühneopfer zu reden. Allein durch diese Sprache war das Schloß dazu befähigt, Emblem des Staates Preußens zu sein und, im strengen alttestamentarischen Sinne, nach dem Ende der Naziherrschaft als Sündenbock zu dienen. Das Schloß verwickelt also gerade in diejenige historisch-moralische Diskussion, die im Gefüge der modernen Gesellschaft keine Vokabeln mehr findet.

Das ist der entscheidende Punkt. Diese Leistung erbringt das abwesende Schloß gerade dadurch, das es nicht nur politischer Fall ist, weder das Bollwerk des preußischen Feudalismus und Militarismus, als das die DDR-Führung es hat abreißen lassen, noch das Symbol wiedererstarkenden deutschen Nationalbewußtseins, als das es viele befürchten, sondern immer auch ein unaufgebbares ästhetisches Datum.

Es ist die unvergleichliche ästhetische Macht, ein Ineinander von vormoderner Schönheit und tragischem Bewußtsein, das diese abgerissene historische Architektur zu einem Aussageort macht, den wir sonst um keinen Preis mehr haben. Die ästhetische Loyalität scheint mir hier also die verläßlichste. Sie ist natürlich die schwächste, die, die ständig verraten und mit Prinzipienerklärungen zugedeckt wird.

Es muß, genauer gesagt, dann eben nur auch in die Wirklichkeit, neben anderem, was untrennbar dazugehört. Wer vom Schloß redet, soll auch von Auschwitz oder vom näheren Sachsenhausen oder Ravensbrück reden. Er muß auch vom Gestapogelände reden, vom Gelände des Volksgerichtshofs, von den Ministergärten, wobei nicht zuletzt die letzteren darauf warten, als das, was sie sind – historisch verbrannte Erde – städtebaulich kenntlich gemacht zu werden. Beide Rekonstruktionen – den Aufbau und das Nichtbauendürfen – werden wir in den kommenden Jahren gemeinsam pflegen und beobachten müssen, beides verlangt eine gleiche Anstrengung und kontrolliert sich gegenseitig. Jedes ist des anderen Schibboleth, um zu erkennen, wer es ehrlich meint.
In dieser Topographie deutscher Geschichte müssen wir in Berlin ja leben, und den Text des Schlosses brauchen wir, um das Ganze sehen zu können, als etwas, was wir nicht begreifen, nie aufarbeiten können, mit dem man aber – soweit man sich überhaupt der Geschichte aussetzt, und solange man der Alternative: auswandern oder vergessen, widersteht – wenigstens zusammenbleiben können muß. Eine Vergangenheit, die uns nur durchstreicht, kann nicht der Sinn des Erinnerns sein.

3

Gehen wir nun einen Schritt weiter, also an den Punkt, wo man sagt: Ja, wir lassen uns darauf ein, das Phantom muß, wie auch immer, wieder in die Wirklichkeit. Jetzt fängt überhaupt erst der produktive Zweifel an. Wovon ist eigentlich die Rede – Wiederaufbau, Dokumentation erhaltener Grundmauern, Nachbau der Form mit modernen Mitteln, oder? Aus dem gleichen Grund, aus dem die Frage nach der Wiederkehr des Schlosses mit Zweifeln besetzt ist, ist sie auch mit Gewißheiten besetzt. Nur wenn man sich durch dieses Für und Wider hindurchquält, ohne bei vorgefertigten Gewißheiten hängen zu bleiben, gibt es eine überzeugende Lösung.
Die bisherigen Zweifel stellen sich jetzt noch einmal her, als Fachdiskussion der Befürworter und Gegner, und die Lösung ist nur dann etwas wert, wenn sie realistisch und konkret genug ist, um auch auf dieser Ebene zwischen Skylla und Charybdis heil hindurchzukommen. Man hat hier immerhin schon das Negativ davon, weil man weiß, was das Konzept leisten muß: Es muß das jeweilige Moment an Wahrheit vorantragen, das in den Positionen der Befürworter des Wiederaufbaus und in denen

der Gegner unzweifelhaft enthalten ist, und es muß die jeweiligen intellektuellen Sicherheiten und den Charakter des Parteiischen, des nur jeweils eine Fraktion Überzeugenden, vermeiden.
Beide Positionen haben recht und unrecht. Die Gegner des Wiederaufbaus haben recht, wenn sie darauf hinweisen, daß man das Schloß, selbst wenn alle es wollten, rein praktisch gar nicht wiederaufbauen könne. Die fünf Jahrhunderte Baugeschichte mit der zähen Erweiterung und Umbauung des gotischen Kerns und der in der Renaissance erreichten Grundform sind schlechterdings nicht wiederherzustellen, weil man Zeit nicht substituieren kann, abgesehen davon, daß man vieles nicht weiß und nie wissen wird. Möglich wäre allenfalls, bei riesiger finanzieller Anstrengung, ein modernes Gebäude, das von außen etwa so aussieht, wie das Schloß vor der Zerstörung aussah. Darin unterscheidet sich der Berliner Fall von dem der Dresdner Frauenkirche, die als Ruine ja noch steht und die ein einheitlicher Bau war. Darum ist die überzeugende kulturelle Argumentation von Eberhard Roters (und die korrespondierende bautechnische von Curt Siegel) für den Wiederaufbau der Frauenkirche auf das Berliner Schloß, insofern es nicht einfach Schlüter-Schloß ist, nicht übertragbar.
Ebenso hat, auf der Gegenseite, Siedler recht, wenn er den Wiederaufbaugegnern entgegenhält, daß es in der ganzen Berliner Mitte kaum einen Bau gibt, der nicht nach dem Kriege von Grund auf neu errichtet wäre. Wer den Puristen spielen will, müßte also für den Abriß auch noch des letzten Restes an heute vorhandener historischer Stadtbildlichkeit und vorhandenem Gebäudebestand agitieren. Denn es ist zweifellos keine überzeugende Position, sich tagtäglich emotional auf die Fälschungsleistungen der vorangegangenen Generation abzustützen, um diese schäbige zugige Stadt erträglich zu finden, sich aber gegen einen nächsten Schritt mit aller möglichen Emphase und dem Brustton der Überzeugung zu wehren.
Dieser Brustton ist denn auch hohl, weil er einfach nur eine abstrakte Gesinnung einklagt, ohne sich auf eine Diskussion der Bedingungen einzulassen. Die ständig an den Rand der Auflösung des Stadtzusammenhangs gehende Berliner Armut an historischer Bausubstanz und an zentralen stadtbildschaffenden Bauten ist aber – auf der Folie nicht nur von Nationalsozialismus und Kriegszerstörung, sondern auch gewollter Modernität und geplantem Abriß der alten Stadt – die Wirklichkeitsebene, von der aus wir zu diskutieren haben. Abstrakten Purismus können wir uns allein um der Menschlichkeit willen gar nicht leisten.

Wenn nun aber keine der beiden Positionen praktikabel ist, was dann? Wir können das wirkliche Schloß nicht rekonstruieren, und doch brauchen wir es. Der leere Ort ist da. Der Palast der Republik ist da und markiert den Ort, er hebt seinerseits deutsche, DDR-Geschichte auf und hat Eigenschaften – den Blick nach Nordosten, auf die in der Vergangenheit weniger privilegierten Viertel, den Alexanderplatz usw. –, die das Schloß nicht hatte.

Aber unter den neuen Bedingungen der vereinigten Stadt in der neuen Bundesrepublik reicht das nicht. Der Palast hält der Aufgabe, das Schloß zu vertreten und einer der Mittel- und Nabelpunkte der Stadt zu sein, nicht stand. Er leistet nicht das, was wir an Abstützung brauchen, um in der Geschichte der Stadt und des Landes Fuß zu fassen und nicht vor dem Unmaß der Trümmer einfach wegzulaufen. Nicht zuletzt brauchen wir diesen Haltepunkt in der Mitte der Stadt, um ein Mehr an Menschenfreundlichkeit, an Ordnung und Zivilisation in dieser Stadt einzurichten. Wer sich auf Dauer daran gewöhnt, in einer Auto- und Schlafstadtwüste, zwischen unzusammenhängenden Verkehrsflächen, Kaufhäusern und Wohnanlagen zu leben, ist schon aufgrund des eigenen gewohnten Mangels zu den freundlichen Leistungen der Gastfreundschaft nicht fähig ist.

Diese Stadt braucht ein neues Zentrum vor allem um ihrer selbst willen. Daß man den bedauernswerten Touristen, die hierher reisen, nichts bieten kann als zugige Abrißflächen mit einigen modernen DDR-Gehäusen an den Rändern und viel Autoblech, mag die Fremdenverkehrswerbung beschäftigen. Den neu vereinigten Berlinern fehlt nicht nur innerlich ein Stück Wärme, das sie gerne hätten. Es fehlt ihnen auch die städtebauliche Wärme-, Wohn- und Kinderstube, auf deren Hintergrund sie das zugeben könnten. Wiederum, das Schloß ist weder Beispiel dieses fehlenden Zentrums, noch kann es allein dafür stehen, noch wäre das Zentrumsthema ohne die Schloßandeutung zwecklos. Aber der Schloßproblem beschreibt jene leere Stelle, wo das Stadtschicksal allein ausreichend greifbar sein könnte.

Das Schloß, als Ort der Macht, ist über Jahrhunderte der tatsächliche emotionale Mittelpunkt der Stadt gewesen (das Rathaus nie, man mag es bedauern oder nicht), und es war, als lesbares gebautes Bild, der ästhetische Maßstab, an dem, pro und contra, Architektur gemessen wurde. In beiderlei Hinsicht ist Berlin heute nicht zufällig ein Schiff, dem weniger das Steuer als der Kompaß abhanden gekommen ist. Mit dem Schloß fehlt die glaubhafte ruhende Masse in der Mitte der Stadt, die, solange

Das Leinwandschloß, Berlin, 1994, vor dem Abbau

es stand, das Abdriften in die unter dem Pflaster lauernde koloniale Voraussetzungslosigkeit verhinderte. Ostberlin zeigt offen, Westberlin mehr versteckt, wie schnell man wieder ins Bodenlose geriet.

Damit soll nicht ein weiteres Mal begründet werden, daß man sich an das Wagnis heranmachen sollte, sondern es soll gesagt werden, was denn nun der Sache nach Gegenstand der Wiederherstellung ist. Gegenstand ist aber kein isolierbares Gebäude, der kunsthistorische Fetisch, sondern etwas, was als Charakter, und Zwangscharakter (Charakter, sagt Freud, ist die Summe der von uns aufgegebenen Objektbeziehungen) tief in Struktur und Geschichte der Stadt verwoben ist. Diese Qualität meine ich, wenn ich das, was vom Schloß wiederzubringen wäre, ein Bild nenne.

Das Schloß war das Berliner Urbild von Architektur. Sein römischer Barock war weit mehr als die Übersetzung des päpstlichen Rom in das kaiserliche Wien, die Fischer von Erlach zur gleichen Zeit geleistet hatte – es war, durch die Sprache stadtrömischer Paläste und nicht zuletzt Michelangelos hindurch, die Übersetzung eines altrömischen Ideals staatlicher Würde ins Preußische. Man muß heute aber wohl Anarchist sein, um das zu sehen. Das Säulenportal war – war, sage ich – als Bild, was Hegels Staatsvorstellung als Begriff gewesen ist. Der Voluntarismus dieser Staatsbehauptung ist unübersehbar; aber sie ist deshalb noch lange nicht der abstrakte, darum im Ernstfall blutige Wille zur Macht, sondern sie ist vollständig Bild, und damit Stein (übrigens preußisch sparsamer Stein: Backstein, verputzt) und Gebäudekörper geworden.

Das Bild hat darum, gerade für freie Menschen, die ohne Staatsfrömmigkeit auskommen, Heimsuchungscharakter. Man kann es nicht mehr vergessen, wenn man es einmal aufgenommen hat. Schon deshalb, einschließlich der Aussicht auf Enttäuschung, kann ich mir nicht vorstellen, daß es nicht wieder – als Bild – in die Wirklichkeit tritt.

Nicht alles ist strukturell ersetzbar. Irgendwo muß der Punkt sein, der – im Sinne der Kindheit, einer gewesenen Geschichte, oder einer kollektiven Bewußtseinsszene von Herkunft, Schuld und Sühne – identisch ist. Über die Art und Weise des Neuen, das zugleich identisch sein soll, muß man ohne Angst reden und streiten. Es ist Sache der Form, der Realisierungsmethode, diese Wiederkehr so einzurichten, daß sie nicht in die falschen Hände und Mühlen gerät.

4

Also, was tun? Seit ich an der Stelle, wo vorher die Bagger monatelang die gotischen Fundamente aus dem aufgerissenen Boden des Marx-Engels-Platzes klaubten, den Palast der Republik bauen und die Lücke provisorisch schließen sah, war mir die Lösung klar. Ich habe sie die ganzen Jahre über plastisch vor mir gesehen. Dann habe ich auch die Menschen getroffen, die die gleiche, oder eine ähnliche Lösung, vertreten.
In Westberlin hatte Goerd Peschken über anderthalb Jahrzehnte an einer wissenschaftlichen Rekonstruktion der Umbauarbeit Schlüters gearbeitet und dabei die Baugeschichte des Schlosses neu sehen gelehrt. Aus dieser Forschung entstand das Projekt einer archäologischen Rekonstruktion, das er zusammen mit Frank Augustin vor drei Jahren in der Galerie Aedes ausstellte. In Ostberlin hatte sich Peter Schatz mit dem Wiederaufbauproblem beschäftigt und eine technoästhetische Rekonstruktion des Baukörpers ohne alle historistischen Schnörkel vorgeschlagen; sein Projekt wurde zuletzt innerhalb einer Ausstellung zur Geschichte des Schlosses im Heimatmuseum Mitte ausgestellt und diskutiert. Sogar der maßgebliche Architekt des Palastes, Heinz Graffunder, hat inzwischen einen – architektonisch nun vollends unzureichenden – Vorschlag zur Kombinierung von Schloß und Palast vorgelegt.
Es handelte sich also nicht um einen subjektiven Einfall, sondern um einen Umkreis naheliegender Lösungen, die die eine gleichsam notwendige Lösung einkreisen, einen Umkreis, in den man zwangsläufig gerät, wenn man nicht der unfruchtbaren Dialektik von Verbot und buchstäblicher Rekonstruktion anheimgefallen ist. Inzwischen hat das Nebeneinander von Palast und simuliertem alten Schloß nicht nur monatelang die Öffentlichkeit bewegt und die Augen vieler geöffnet, sondern ist auch in das Aufgabenpaket des städtebaulichen Wettbewerbs für die Regierungsbauten in Alt-Cölln eingegangen. Zahlreiche Architekten waren dabei zu überlegen, wie man aus dem Dilemma des teils gewollt, teils recht ungewollt vorhandenen Palastes und des nicht vorhandenen, aber gewollten Schlosses herauskommt.
Daher kann ich hier auch unbefangen in eigenen Worten sagen, wie ich mir in jenen Monaten, als man auf dem Areal des eigentlichen Schlüterbaues die riesige Baugrube ausschachtete, als die Grube mit Beton gefüllt wurde und der Palast der Republik entstand, die Rehabilitierung des Schlosses vorgestellt habe.

Der Palast der Ex-Republik ist nun einmal da. Asbest ändert daran wenig, angesichts einer mit der des ICC identischen Gebäudetechnik von Milliardenwert. Wozu ihn abreißen wollen. Aber schön und ausreichend ist er nicht. Es muß etwas, es muß viel dazukommen, und dazu muß sich der Palast harte Eingriffe, Abstriche und Zubauten gefallen lassen. Er kann auch nicht, wie sich das sein Entwerfer, Graffunder, vorstellt, zum Rahmen des Neuen werden, dazu ist er selber zu ärmlich. Er muß Federn lassen, sich anpassen, die Kritik des vorher Dagewesenen erleiden.
Die Lösung besteht nicht einfach in einer Gebäudetypik, die beider Umrisse mit etwas Anstand zusammenbringt. Sie kann nur in einem angemessenen Verfahren bestehen, das die technischen Herstellungen unterläuft. Es geht darum, Palast und Schloß miteinander zu überdecken und das eine dem andern zuzumuten. In dieser Dialektik des vorhandenen Banalen und des abwesenden Bildes von Ernst und Schönheit müssen sie sich zwangsläufig verändern und wechselseitig beschriften und lesbar machen. Der Palast wird durchsichtig auf die verhängnisvolle Geschichte des preußischen Königsschlosses, der geschlossene Kreis des Schloßmythos wird geöffnet auf die historische Überwindung durch Blut und Irrtum und ein demokratisches Gemeinwesen, das sich politisch, aus reiner vitaler Selbstvergewisserung, diese Dialektik leistet.
Daraus folgt kein Entwurf. Es gibt Imponderabilien, die man von weitem nicht übersieht: wie ernst die Asbestgefährdung tatsächlich ist (Techniker sagen, das hänge von der Art ab, wie Asbest verarbeitet worden sei), welche ökonomische Zukunft die Saaltechnik hat unter veränderten, marktorientierten, Verwertungsgesichtspunkten, wer die Kosten und die politische Verantwortung trägt. Wie das Gegeneinander von abwesendem Schloß und anwesendem Palast ausgeht, ist also zur Zeit kaum zu sagen, man ist auf subjektive Gewißheiten angewiesen.
Nur eins ist sicher: daß wir das Schloß nicht nur als Bild brauchen, sondern auch und vor allem als öffentlichen Raum. Die Nordostfassade des Palastes muß bleiben. Aber der Straßencharakter der Schlüterportale, die Marktplätzflächen der beiden Höfe, etwas davon muß gebaut werden, wenn das Wiederaufbauen überhaupt einen Sinn haben soll.
Soweit die Vorstellung. Realisierungen sind etwas anderes, Diskussionen sind nötig, Erfahrungen werden gemacht, indem man praktisch wird, Politik macht oder die alten Steine sichert, oder den Bauplatz freihält, oder alles zusammen. Wie weit man nach dieser oder jener Seite anders vorgehen möchte, vorgehen wird, ist kein Problem, solange die Grundfigur festgehalten wird.

Die Grundfigur ist, daß es hier nicht um einen Bauentwurf geht, den man in zwei oder drei Jahren realisiert, und dann stände das neue Schloß fertig da. Wer von der Konkurrenz zwischen Schlüter und heutigen Architekten redet, weiß nicht, wovon er spricht. Der Schlüterbau kann, aus den genannten Gründen, gar nicht wiederaufgebaut werden. Das ist aber auch gar nicht die Sache, um die es geht. Die Unmöglichkeit der Wiederkehr des Schlüterbaus ist vielmehr der entscheidende Hinweis darauf, was tatsächlich zu bauen ist: unser Wissen vom und unser Verhältnis zum abwesenden Schloß. Wiederaufzubauen ist nicht das Schloß, wiederaufzubauen ist die Geschichte des Schlosses.

Der Gegenstand ist also ein anderer, als die meisten Leute meinen. Er ist nicht als solcher baubar, und er ist, im Unterschied zum wirklichen historischen Schloß, vorhanden. Die vor uns liegende Aufgabe ist deshalb, dieses immateriell Vorhandene in materielles Erscheinen zu überführen. Um diesen intellektuell und fachlich höchst anspruchsvollen experimentellen Vorgang geht es.

Daraus folgt praktisch: Um wiederaufbauen zu können, brauchen wir ein Drittes neben anwesendem Palast und abwesendem Schloß, eine Art Trägergebäude. Dieses transportiert, trägt das Gewollte, den langsamen Prozeß der sichtbaren Reformulierung und experimentellen baulichen Ausfaltung der Gebäudegeschichte. Dieses dritte Gebäude kann man bauen, wie man ein neues Ministerium baut – solange es Trägerstruktur ist. Es wäre also, grob gesagt, ein Rohbau, der in den nächsten 50 Jahren aufzufüllen wäre.

Das Auffüllen ist das Einbauen der Geschichte. Die baubare Geschichte des Schlosses, das ist das, was wir vom Schloß und seiner Entstehungsgeschichte heute wissen, und, materiell, das, was an erhaltenen Fassadenteilen da oder noch zu finden ist. Die Geschichte des Schlosses, wie Peschken sie geschrieben hat und weiterschreibt, ist die eines ständigen Umbaus, wo gerade während des Schlüterschen Umbaus die Steine gewandert sind, neue Orte und neue Bedeutungen fanden, oder einfach umgedreht und durch die Steinmetzen gleichsam neu beschriftet wurden. Diesen minutiösen baulichen Stoffwechsel kann man, über Böhme, Eosander, sogar Ihnes Umbauten und die Reparaturen nach der Novemberrevolution, fortsetzen bis in die Rettungs- und Ausbauanstrengungen der Kunsthistoriker während der Sprengung, und man kann ihn da, anhand der dabei entstandenen Fotos und Pläne und anhand der konkreten Steine, auch wieder anknüpfen.

Es kann dann also gar nicht darum gehen, einen festen Plan zu bauen, sondern man baut bauliche Erkenntnisse in das Trägergebäude hinein, die uns dann im Ergebnis die verschiedenen einander überlagernden Baukonzepte von Theiß, Tessin, Schlüter usw. zeigen, so gut und so vollständig es geht, aber kein fertiges Ganzes, keinen ‚Schlüter'. Die entscheidende Dimension, in der gebaut wird, ist die Zeit – die lange Erfahrungs-, Diskussions-, Arbeits- und Aneignungszeit dieses Experiments, nicht die Realisierung eines einmal auf das Papier gebrachten Bildes.

Ist das unrealistisch? Ich glaube kaum. Keine vorstellbare Nutzung ist so drängend, daß ihretwegen anders vorgegangen werden müßte. Keine Nutzung reicht auch aus, um den Wiederaufbau zu legitimieren. Daß die Nutzungen warten müssen, wie sollte das dann ein Gegengrund sein? Daß man langsam vorgehen muß, ist aber schon von der Sache her vorgegeben, da sollte sich keiner Illusionen machen. Wenn man mit Originalsteinen arbeiten will, dann ist es gar nicht zu verantworten, dies zu tun unter gewöhnlichen Baustellenbedingungen und Realisierungszeiten – das hielte das Material gar nicht aus.

Der Bauprozeß wäre dem Dresdner Wiederaufbau des längst wiederrichteteten Zwingers oder dem jetzt anhebenden der Frauenkirche ähnlicher als dem Bau eines Ministeriums oder eines Kongreßzentrums. Anders gesagt, wir haben eher einen Bauhüttenprozeß, der mit Geld und Gefühlen von denen getragen wird, die das Schloß wieder haben wollen. Wenn man diese prozessuale Lösung will, die wiederaufgebaute Schloßgeschichte, dann, und nur dann, kann man auch wesentliche Teile des Palastes erhalten und einbauen in das neue dritte Gebäude.

Es entsteht dann kein bloßer posthistorischer Schnuller – es entsteht ein widersprüchliches Gebilde, das Spannungen formuliert und Wunden offenhält, das die Zerstörung nicht leugnet und den Wiederaufbau nicht verschweigt. Die einander verdrängenden historischen Schichten können offen aufeinander bezogen, einander zugemutet werden, und sie können dadurch für uns wieder zur Zumutung werden. Mehr kann man nicht erreichen, mehr kann man sich auch nicht wünschen.

Höchstadt, Brauhaus

Die Aufgabe der Architekturkritik. Dankesrede anläßlich der Verleihung des Kritikerpreises des BDA im Bauhaus Dessau

Lieber Julius Posener, lieber Klaus Duntze; verehrtes Präsidium; liebe Freunde, sehr geehrte Damen und Herren!

Ich danke dem BDA sehr herzlich für die erfahrene Ehrung, und ich bedanke mich bei Euch, den Laudatoren. Man sieht sich selber am allerwenigsten. Man ist persönlich auch wohl immer unendlich viel enger, als es die Person ist, die die anderen vor sich haben, also das, was man mit anderen zusammen ist, was man für andere und durch andere ist. Andererseits möchte ich den Laudatoren sagen, daß sie, so wie ich mich sehe, jeweils das entscheidende benannt haben: Ja, lieber Klaus – es geht um den Ort, in seiner ganzen Maßlosigkeit, und ja, lieber Julius, es geht um das Wesentliche, Überlebensnotwendige, nicht zuletzt die biologische Grenze. Es geht bei Ort wie Wahrnehmbarkeit um das gesellschaftliche Überleben. Weil beides für mich zusammengehört und immer der Ausgangspunkt gewesen ist, habe ich immer sehr heftig geredet, möglicherweise viele verletzt, bin immer ungeduldig gewesen und habe immer auch aus der Haltung geredet, daß ich mich den großen Apparaten gegenüber in Notwehr gefühlt habe.

1

Die Sache, zu der ich hier etwas zu sagen habe, kann bei dieser Gelegenheit nur die Architekturkritik sein. Ich will etwas zur Aufgabe der Architekturkritik sagen, vor allem dazu, was sie Ihnen nützt. Sie nützt, um gleich an den Kern der heutigen Veranstaltung zu kommen und ohne falsche

Scheu zu sagen, was ich davon denke, dann, wenn sie Sie in Bewegung hält. Man will damit niemand verletzen, aber es geht nicht ohne Zusammenstöße, wenn man seine Sache ernst nimmt, also davon ausgeht, daß das, was man denkt, Folgen haben und etwas verändern sollte.
Als ich vor drei Wochen mir meine Punkte zu dem aufschrieb, was ich heute Ihnen sagen will, kamen mir zwei Zeitschriften auf den Tisch, aus denen ich jeweils einen Passus zitieren möchte, weil ich sofort das Gefühl hatte, daß beide auf ihre Weise genau entgegengesetzte O-Töne waren zu dem Zusammenhang, über den ich jetzt reden will – das eine ein Text, der genau das enthält, was ich immer kritisiert habe, und ein anderer, der mir aufmunternd entgegenkommt.
Der eine Text ist die ‚Berliner Erklärung zur Beziehung zwischen Architektur, Städtebau und Denkmalpflege', August 1991, veröffentlicht in der *Bauwelt* 22/1992. Es handelt sich um ein hochverantwortliches Dokument, so hochverantwortlich, daß es unbrauchbar ist, oder, wenn man so will, ein typisches Stück Architekturideologie:
„Alter ist kein Wert an sich und daher nicht synonym mit gut oder erhaltenswert. Älter ist nicht besser als jünger. Maßstab für Entscheidungen muß immer die Qualität sein. Zur Entscheidung hierüber ist es unerläßlich, das Vorhandene auf seine Substanz zu prüfen und seine Struktur zu durchdringen. Bei definierter baulicher Qualitäts- und geschichtlicher Bedeutungslosigkeit muß das Alte dem Neuen weichen. Neben der geschichtlichen Qualität muß dann die Qualität der Moderne stehen. Es ist Verpflichtung der Architekten und Stadtplaner, mit allen Kräften diese Qualität anzustreben. Bei der Betrachtung und Wertung sind alle Entwicklungsstufen der Stadt bis zur letzten abgeschlossenen Kulturepoche mit gleicher Zuwendung zu verfolgen und miteinander in Beziehung zu setzen."
Das Bedenkliche, und damit Unverantwortliche, an diesem Text ist, daß er Verantwortung produziert vorbei am Ernst der Situation. Die Situation ist viel prekärer, als daß man so leicht so viel versprechen könnte. Ich will aber jetzt nicht in den Blößen dieses Textes herumstochern, sondern setze unvermittelt einen ganz anderen, gewissermaßen umgekehrt verantwortlichen Passus daneben, der einen sofort wieder auf den Boden der Tatsachen bringt – entnommen ist er dem Aufsatz von Mutschler, ‚Preis der Freiheit oder die Situation des freien Architekten' (Der Architekt 5/1992):
„Freunde, ist Euch klar, wenn ihr einem wohlbestallten Baurat – oder wem auch immer – gegenübersitzt und über das Hohe, Wahre und Schöne

der Baukunst diskutiert und Euern Entwurf erläutert, daß er ein festes Gehalt bezieht, um Richtlinien zu erklären, und Ihr ohne Netz ‚unter der Zirkuskuppel ratlos' agiert?"
Nimmt man beide Texte zusammen, dann scheinen sie mir ungewöhnlich hilfreich zu sein, um etwas weiter gehende Überlegungen zum Nutzen der Architekturkritik in Gang zu bringen.

2

Aber was versteht man nun unter Architekturkritik? Es ist sicherlich schwer genug, mit Rückgrat und Anstand im Feuilleton einer Zeitung oder im Kulturprogramm von Funk oder gar Fernsehen zu einzelnen Gebäuden Stellung zu nehmen, auf eine Weise, daß man im Rahmen des Feuilletons bleibt, aber sagt, was man denkt, dabei niemanden unnötig verletzt und von seinen Kriterien keine Abstriche macht. Wenn Sie mir heute diesen Preis zuerkennen, dann nehme ich mir aber die Freiheit, einen kleinen Schritt weiter zu gehen und über den Typ von Kritik zu reden, den ich selber bisher verfolgt habe: Kritik im Sinne der Grenzsetzung.
Sie wissen, daß es Kant war, der den Sprachgebrauch der Kritik in unsere intellektuelle Kultur hineingebracht hat. Der springende Punkt bei Kant ist, daß er die Grenze – es geht, innerhalb der Vernunftkritik, um die Grenzen menschlicher Erkenntnismöglichkeit – nicht theologisch zur Beschränkung seines Gegenstandes benutzte, sondern neuzeitlich emanzipativ als Mittel ihrer um so festeren Begründung. Die Grenzerforschung stellt gleichsam die Wand her, von der sich der Selbstfindungsprozeß abstoßen kann. Ohne die Grenze keine Identität.
Der Ausgangspunkt der intellektuellen – aber auch ästhetischen – Krise, in der wir heute stecken, ist nun gerade, daß die kantische Grenzbeschreibung als Methode zusammengebrochen ist. Begriff, Anschauung, Ich, Erkenntnis – nichts ist heute mehr das, was es im bürgerlichen Zeitalter war. Weder Begriff noch Anschauung, weder Denken noch Wahrnehmen vermögen in der von Kant gesicherten Weise heute noch Identität zu verschaffen. Das habe ich sehr früh begriffen und mich auf die Suche nach neuen Begründungen gemacht, die, fand ich, nur im Konkreten liegen konnten.
Wenn ich, aus der Begriffsarbeit kommend, über die Beschäftigung mit Kunst und Wahrnehmung, schließlich angesichts von Architektur und

Stadtplanung an dem Punkt des praktischen Zusammenstoßes angekommen bin, dann liegt das zugleich auch daran, daß ich, wenn irgendwo, dann Zukunft nicht auf der Begriffs-, sondern auf der Wahrnehmungsseite vermutet habe. Die Begriffe, mit denen ich aufgewachsen bin, konnten nicht mehr sattmachen, weil ihnen gerade die mit aller Härte versöhnende Eigenschaft verloren gegangen war, die Schwere der Wahrnehmbarkeit und der Verkörperung. Ich habe also, soweit im angedeuteten grundsätzlichen Sinne Architekturkritiker, nie etwas anderes getan, als an die Architektur die Grundforderung zu stellen: zu verkörpern und wahrnehmbar zu machen. Ob sie das tut, entscheidet in dieser Perspektive, ob sie gesellschaftlich brauchbar ist. (In diesem Sinne habe ich vorhin den zitierten Verantwortungstext unbrauchbar genannt.)

Architekturkritik ist nur machbar als eine Rede jenseits der Architektur, oder auf ihrer Grenze. Wenn sie diese Grenze den Architekten sichtbar machen soll, darf sie wenigstens nicht mit beiden Füßen auf ihrem Boden stehen. Das Zeigen der Grenze ist dabei immer noch gewissermaßen kantisch verstanden, also nicht in dem gewöhnlichen Sinne, daß ich jemandem seine Grenzen zeige, um ihn klein zu machen, vielmehr umgekehrt, als kritische Funktion zu mehr Größe, oder, weniger mißverständlich ausgedrückt, zum Erwachsenwerden und Vorwärtsgehen. Indem die Grenzen der Architektur ins Spiel gebracht werden, kommt es zu einer wirklichen Herausforderung, kann die Architektur wirklich groß werden.

Natürlich kommen wir da in schwieriges Gelände. Seit Jahrzehnten werden Architekten bestürmt, vom Elfenbeinturm der Ästhetik abzulassen und sich statt dessen der gesellschaftlichen Übel anzunehmen. Das ist eine Zeitlang sicher auch notwendig und richtig gewesen. Aber die Geschichte geht weiter, und daß das eine Ziel noch nicht recht erreicht ist, heißt nicht, daß es nicht inzwischen bereits durch neuere Notwendigkeuiten überholt wäre. Die angedeutete Grundforderung jedenfalls ist in der Frontstellung der siebziger Jahre – l'art pour l'art gegen Politisierung und gesellschaftliche Verantwortung – nicht ausreichend zu diskutieren.

Das liegt vor allem daran, daß diese Frontstellung viel zu lange auf unheilvolle Weise zusammenfiel mit ästhetischer Regression – siehe Postmoderne – einerseits, mit Ästhetikabstinenz zugunsten von Planungstechnik andererseits. Auch die inzwischen eingetretenen Korrekturen überzeugen nicht, die neue Kreuzzugsmentalität der Ästheten im Zeichen der Moderne, des Hochhauses und der HighTech, einerseits, die betuliche

Kolorierung von Planungsgut in Ökologie, Stadterneuerung usw. andererseits.
Die Grundforderung an die Architekten zu stellen, hat nur Sinn, wenn man sie auch entsprechend entlastet. Die Rede des Kritikers geht dann etwa so: Wir können nicht alles, was uns in dieser Gesellschaft zu fehlen scheint, den Architekten aufbürden. Wenn sie das freiwillig übernehmen, um so schlimmer. Denn bevor wir einmal so weit sind, daß jeder alles kann und macht, sollten wir erst einmal die Möglickeiten der Arbeitsteilung ausschöpfen. Denn arbeitsteilig reagiert wird ja am Ende doch. Daß der Architekt soziale Politik macht, heißt am Ende doch nur, daß soziale Politik als Architektur und innerhalb ihrer Grenzen betrieben wird, also in der Regel inkompetent und verschoben.
Natürlich muß in der Krise, in der wir stecken, alles gerettet werden, Gesellschaft, Geschichte, Moral, menschliche Wärme, Sichtbarkeit und so vieles mehr. Als Bürger sind da auch alle verantwortlich, gleich welchen Geschlechts oder Berufs. Aber wenn wir von der beruflichen Verantwortung reden, dann ist es ein Unding, einen Beruf, und sei es mit seinem Einverständnis, mit allen Rettungen auf einmal zu belasten – wobei wir ohnehin wissen, daß Rettungen nicht auf dieser Ebene funktionieren, Berufsarbeit vielmehr, über ihre Markt- und Reproduktionsfunktion – also die Gehalts- oder Einkommensfrage – und ihren vorwiegend freiberuflichen Anteil subjektiver Selbstbestätigung hinaus, eben nur ganz spezifische, nüchtern zu umschreibende Beiträge zum gesellschaftlichen Überleben leisten kann – letztendlich den, daß jeder auch im Beruf seine gesellschaftliche Pflicht tut.
Wir müssen also aus der hoffnungslosen Überlastung des Architektenberufes den Rückzug antreten. Dabei sollte man im Auge behalten, daß die Bereitschaft der Architekten, sich als Herkules herzugeben, ja eben eine der fragwürdigsten Säulen der Moderne und ihrer alles andere als harmlosen Irrtümer ist – die Überzeugung, als ästhetisch kompetenter Generalist zur Konstruktion der Gesellschaft berufen zu sein, in der ganzen Bandbreite von Bruno Taut bis Speer. Die gesammelten Rettungsaufgaben sind zu gewichtig, als daß sie gebündelt einer so spezifischen und prekären Berufskonstruktion wie der des Architekten übergeben werden könnten. Entlastung tut not: die Aufgabenfülle erst einmal an die Gesellschaft zurückzuverweisen.
Man muß, anders gesagt, zwischen dem unterscheiden, was man als Architekt, qua Berufspraxis, machen kann, und was als politisch denkender, verantwortlicher Bürger. Was das heißt, läßt sich an jedem wichtigeren

städtebaulichen Wettbewerb ablesen. Architekten lassen sich inzwischen routinemäßig dazu mißbrauchen, für eingesparte Politik ästhetische Substitute herzustellen. Die politischen Entscheidungen, zum Beispiel Verkehrsbeschränkungen oder reale Einflußnahmen auf die Nutzungsstruktur, werden nicht gefällt; sondern man überläßt es den Architekten, sich mit der einen oder anderen Entscheidung zu exponieren, vor allem aber, das Politische über eine ästhetische Erfindung, die entsprechend in der Luft hängt, zu entschärfen. So streitet man sich dann, um die nicht ausdiskutierte politische Streitfrage weiterzubearbeiten, statt über politische Positionen über Entwürfe, was weder der Politik noch den Entwürfen bekommt. Denn was vorher alles an erfreulichen Zielen nicht durchsetzbar war, wird nachher im jeweils bevorzugten Entwurf auch nur eher symbolisiert als tatsächlich eingebracht.

Statt dessen wäre es ein weniger individuelles als verbandspolitisches Interesse der Architekten, die Auftraggeber, Gesellschaft, Politik, Nutzer usw., darauf festgelegen, erst einmal ihre Hausaufgaben zu machen, bevor sie die besondere berufliche Gestaltungskraft des Architektenberufs in Anspruch nehmen. Dann können die Architekten sich umgekehrt auf ihre Hausaufgaben konzentrieren.

Die sind schwierig genug. Statt daß sie die immer massiveren öffentlichen oder privaten Investitionen mit den Bildern eben desjenigen Lebens (Stadt, Straße, Platz, Haus usw.) zu versehen, das jene Investionen zu ihrer Realisierung dort, wo es eben noch vorkam, bulldozermäßig unter sich begraben, müßte die Berufsenergie eigentlich dahin gehen, genau das Umgekehrte zu leisten: also diese Fälschungstechniken durch ästhetische Genauigkeit zu destruieren und das Wenige freizulegen und zu bearbeiten, das tatsächlich noch erscheinen kann.

Das ist nicht zuletzt schwierig, weil es individuell und gesellschaftlich zur Einsamkeit verurteilt. Gesellschaftlich, weil eben kein Investor auf die Quadratmetermengen verzichten kann, um deretwillen er tätig ist. Einen Architekten, der mehr will, als diese Mengen zu dekorieren, kann er, es sei der Staat oder der intelligenteste Developer, nicht gebrauchen. Die Einsamkeit gilt aber, entgegen manchem Vorurteil, auch privat. Denn daß die Kulturlosigkeit der großen Apparate gegen das wache ästhetische Bewußtsein der vielen einzelnen da unten stünde, ist eine Fabel. Erfahrung ist, daß unsere besten Freunde, soweit nicht unmittelbar vom Fach, gerade diejenigen sind, die die Banalitäten schön finden, die alle Investoren auch schön finden, weil in ihnen die Dekoration der modernen Städte tatsächlich gelingt. Daß der Springpunkt, das Wahrnehmbarmachen, dabei

ausfällt, ist ihnen, die soweit über ihre eigene Berufspraxis nicht hinausgehen wollen, nicht klarzumachen – für sie geht es, wie für alle anderen, um Freizeit und Entspannung, nicht ums Wesentliche und den Kern eines ästhetisch verantwortlichen Berufs.
So oder so, die Kluft zwischen der Gesellschaft insgesamt und der spezifischen ästhetischen Intelligenz, die sichtbar machen, vorantreiben, verkörperlichen will, statt nur leichte Zeichenlesung anzubieten, wird ständig größer. Das trifft genauso den Kritiker: Es wird ständig schwerer, über sie hinweg zu reden, Verständnisbrücken zu bauen, Fäden zu knüpfen.

3

Wir haben es hier mit einer gesellschaftlichen Spaltung zu tun, der niemand gern ins Auge sieht. Nicht umsonst gibt es unter Architekturideologen einen Begriff, der nichts anderes zur Aufgabe hat, als diese Spaltung zuzustellen. Es handelt sich um den Begriff der Qualität.
Natürlich war es einmal anders. Man braucht nur 200 Jahre zurückzudenken, um bei Zuständen anzukommen, wo es tatsächlich eine gesellschaftliche Verbindlichkeit des Bauens gab, eine Verständigung zwischen der Kultur der Gesellschaft und der Berufskultur der Architekten, mithin eine mittlere Qualität, die einfach Standard war. Aber in solchen Zeiten leben wir nicht mehr. Eine Abstützung ästhetischer Leistungen auf eine selbstverständliche gesellschaftliche Vorarbeit, ein tragendes Bewußtsein gibt es nicht mehr.
Die Geschichte verläuft irreversibel. Wohin sie sich zuspitzt, wissen wir nicht, wir wissen nur, wohin wir nicht mehr zurückkönnen. Es gibt daher auch keine zeitlose Qualität. Architekten werden nicht müde, sie zu behaupten, aber die Grenzbeschreibung des Kritikers weiß es besser. Ob eine Architektur ästhetisch Kraft hat und in der Gegenwart bestehen kann, zeigt sich daran, ob sie mit den Verungültigungen und Wahrnehmungsveränderungen einer sich permanent umschichtenden Wirklichkeit mitzuhalten vermag. Was vorher war, verungültigt sich nicht aus sich heraus, sondern entlang der Verungültigung der Bedingungen, aus denen es entstand. Das ist ein ständiger Verbrauchsprozeß. Dabei ändern sich die Zustandsformen: Was als ästhetisch befriedigend geschaffen oder erfahren wird, ist immer dünner, immer leichter, immer körperloser, immer mehr nur Hinweis darauf, daß es einmal etwas gab, was sich auch anfassen

und in die Hand nehmen ließ. Diese Geschichte der ständigen Reformulierung in immer dünnerer Luft ist unerbittlich und nicht anzuhalten. Altes und Neues sind also auf keine Weise miteinander zu verrechnen. Selbst das Alte, das zu seiner Zeit schlicht bis schlecht war, ist heute etwas spezifisch anderes, das unter dem Gesichtspunkt der Qualität überhaupt nicht zu fassen ist. Es ist, weil es alt ist, nämlich aus früheren Gesellschaftszuständen kommt, ein Stück heute nicht mehr möglicher sozialer Verkörperung. Es hat, durch seinen Anteil an handwerklicher Herstellung, an gesellschaftlichem Einverständnis, an Einbettung in Lebensformen einen Seelenanteil, der nicht reproduzierbar ist. Dieses Eingebettetsein alter Dinge erfahren wir als Wärme, und die gibt uns nichts Modernes.

Die Abrißpolitiken des Westens mit ihren komischen Errechnungen einer Überalterung der Bausubstanz gingen natürlich vom bauwirtschaftlich Normalen aus, der Überzeugung, daß Neubau an sich besser sei. Es war aber allein der Baupolitik der DDR vorbehalten, den Grundsatz, daß das Neue besser als das Alte sei, einmal auf die Spitze zu treiben. Man hat aus Prinzip alles Alte abgerissen, ohne sich klarzumachen, daß es sich um bauliche und gesellschaftliche Qualitäten handelte, die man überhaupt nicht reproduzieren konnte. Das ist im Fall der DDR so lehrreich, weil das Unvermögen, etwas Gleichwertiges an die Stelle zu setzen, in den DDR-Städten rein zutage tritt, ohne den Überzug im Westen üblich gewesener Pseudokonservierungen.

Dadurch entsteht in der Wahrnehmbarkeit der Stadt ein merkwürdiger Bruch. Es fehlt die Kategorie der alten Bausubstanz. Mit ihr geht uns die Zeitdimension verloren, die historische Tiefe der Wahrnehmung. Damit wird ein tiefsitzendes psychisches Bedürfnis nach Ausruhen, Abstützung, Ausnahmen vom allgegenwärtigen Modernisierungsprozeß, unbefriedigt gelassen, was Folgen hat. Die DDR bekam sie zu spüren und reagierte mit Surrogaten, etwa dem Berliner Nikolaiviertel. Nehmen wir die westlichen Bundesländer hinzu, wird es nicht besser, sondern das Bild komplettiert sich nur. Es gibt noch ab und an Altes, aber auch das Alte ist dort nicht alt, sondern erhielt Stadtrecht nur, weil es von Grund auf ausgeschabt, rundumerneuert, abgetragen und besser wiederaufgebaut, mit den modernsten Konservierungstechniken erneuert und in jeder Hinsicht als Gealtertes, Vormodernes, Ausgeruhtes unkenntlich gemacht worden ist.

Eben dem entspricht der Qualitätsbegriff mit seiner abartigen Forderung, Altes und Neues qualitativ zu verrechnen. Meine Rede ist nun keineswegs einfach die, daß wir alles Alte, weil es alt ist, aufheben müssen. Wir müssen vielmehr von uns selber ausgehen, von dem, was wir können und was wir nicht können. Meine Rede ist also, daß wir ohne eigenes Verschulden an einem Punkt der Geschichte stehen, wo wir nicht mehr imstande sind, bestimmte Qualitäten älterer Architektur neu herzustellen. Die heutigen Architekten sind um keinen Deut schlechter als die der heroischen Zeiten. Aber die heutigen Zeiten sind völlig anders. Nehmen wir die plakativsten Beispiele, wie sie in Architektendiskussionen tatsächlich und unvermeidlich auftauchen, Michelangelo oder Palladio. Es gibt nicht notwendig, aber möglicherweise heute gleichwertige Begabungen. Es gibt aber um keinen Preis die damaligen Möglichkeiten an religiöser, politischer, volkstümlicher usw. Verkörperung, an gesellschaftlicher Sprach- und Bildmacht, an Glaube und Schicksalsfähigkeit, wie ja auch heute nicht mehr im Zentrum der Gesellschaft öffentlich Hexen und Ketzer verbrannt, Verbrecher gevierteilt und gerädert, Kindesmörderinnen ertränkt werden usw. Statt dessen erlebt jeder das mechanisierte Grauen moderner Kriege, Vernichtungslager, Reaktor- und Autounfälle, Naturkatastrophen usw. im Fernsehen, vereinzelt, bild- und schicksalslos, in Echtzeit.

Eben das ist der Grund, warum ein heutiger Architekt mit dem gleichen Aufwand an Kraft und Phantasie und unter Aufwendung seines Lebens eine vergleichbare Leistung, in der eine ganze Zeit oder Sozialstruktur sprechend, bildbewußt und sehend würde, niemals erbringen kann. Er muß etwas anderes leisten, die Übersetzung dessen, was nicht mehr möglich ist, zumindest in eine bildliche Rede vom Abwesenden. Diese Übersetzung ist weitgehend körperlos und kalt. Sie geschieht unter der Vorbedingung, daß das, was jeder schäbigste Altbau des 18. oder 19. Jahrhunderts an Wärme an sich hat, nicht mehr reproduzierbar ist.

Deshalb ist das Alte, Vorhandene eine Ressource, die uns ausgehen könnte. Wir werden grausam frieren in Städten, in denen es nichts mehr gibt, was vor dem Umbruch zur Moderne entstanden ist. Möglicherweise lernen wir, damit umzugehen, aber es muß uns bewußt sein, was wir da tun. Julius Posener hat schon von der Architektur um 1900 gesagt, man merke es ihr an, wie sie kälter werde. Es ist seitdem immer kälter geworden in der Architektur. Auch dieses Bauhaus, in dem wir uns hier befinden, ist kälter als, etwa, die Architektur von Messel. Wenn wir heute diese Inkunabel der Moderne auf uns wirken lassen, erleben wir sie andererseits als einen Typus von Moderne, der noch voll ist von einer merkwürdigen Körperlichkeit und einem Bewußtsein gesellschaftlicher Form, das wir heute nur noch bewundern, aber schon längst nicht mehr reproduzieren können. Wir sind schon wieder einen großen Kältesprung weiter, und wenn das nicht so wäre, wäre auch das Bauhaus nicht die große Inkunabel, die es für uns ist, und wir würden uns heute hier nicht so wohl fühlen.

4

Wollen wir nun auf diesem Hintergrund dennoch von Qualität reden, dann muß die Gegenfrage erlaubt sein: welche denn? Architektur, einmal auf die Grenze des Wahrnehmbarmachens bezogen, ist unzumutbar schwer – so wie Kunst schwer ist, diejenige, die nicht zeigt, was wir ohnehin sehen, sondern das noch nicht Sichtbare sichtbar macht und die Zeit zum Stillstehen bringt. Da ich lange genug mit Künstlern zu tun hatte, über Kunst nachgedacht, gelehrt, geschrieben habe, weiß ich gewiß, daß sie mit Herzblut gemacht wird. Die Architektur hat zwar auch andere Observanzen als nur die ästhetische, aber soweit sie ästhetisch ist, gelten gleich grausame Regeln.
Wollen wir es uns nun überhaupt leisten, von Architektur als etwas Großem, Besonderen zu sprechen, und nicht als einer Berufspraxis unter anderen? Vom Arzt verlangt man, daß er auf der Höhe seines Faches ist. Daß der gute Arzt mehr ist als das, wünschen wir uns, werden uns aber hüten, es als normal anzusehen oder einzuklagen. Beim Architektenberuf gibt es eine Gewährleistungspflicht: Das Haus muß technisch funktionieren, sollte auch im Detail benutzbar sein und nicht mehr verhindern, als es ermöglicht. Aber das ist in der Architektur die Unterstufe. Das Wort – Architektur – würde deswegen kaum benutzt. Wenn es das Hauptwort des Berufsstandes ist, bis dahin, daß man vom Besonderen und Gelungenen sagt, das sei, endlich, Architektur, dann, weil der Anspruch jenseits des zu Gewährleistenden liegt. Die Latte liegt also ohnehin hoch – die Frage ist nur, ob man sie, ob man die eigenen Ansprüche ernst nimmt.
Soll Ernst gemacht werden, dann muß man unerbittlich und erbarmungslos unterscheiden, zwischen Architektur, die den furchtbaren gesellschaftlichen Wunsch nach Verkörperung und Wahrnehmbarkeit zu befriedigen versucht, und Architektur, die Qualität sagt und sich begnügt, das geläufige prêt-à-porter zu liefern, die Fortschreibung des handelsüblichen Design. Die Kritik steht und fällt damit, daß sie diesen Unterschied festhält. Aber auch die Produzenten von Architektur stehen und fallen damit.

Der Architekt, der aufhört, sich daran zu messen, fällt bereits, wie international erfolgreich er auch sein mag. Der Größenwahn, den Architekten um sich herum aufrichten, sowie sie den Durchbruch geschafft haben, ist ja nichts anderes als der Versuch, sich zu glauben, man habe die Prüfung endgültig hinter sich, wenn der Erfolg von außen kommt. Aber das gibt es nicht. Niemand ist je ein für allemal im Reinen, jenseits der Niederlagen.

Für den Kritiker gibt es nichts Härteres, als daß seine Freunde etwas machen, von dem er sich eingestehen muß, daß es nicht ausreicht; für den Architekten gibt es keine größere Versuchung, als seinem Erfolg zu glauben – beide Härten beleuchten die menschliche Schwierigkeit des Konflikts. Es gibt offenbar immer noch dieses tödliche Moment der Kultur, ohne das es kein Sichtbarwerden gibt (früher hätte man gesagt: keine Schönheit), und das vom Produzenten verlangt, daß er sich immer neu an Bedingungen mißt, die er nicht freiwillig eingegangen ist und die immer – ich erinnere an das offenbar unaufhaltsame Kälterwerden als den Feind, den wir besiegen müssen – größer sind als wir, die uns zur Verzweiflung bringen, und von denen wir von vorherein wissen, daß wir ihnen nur manchmal und streckenweise genügen können, wenn wir überhaupt eine Chance haben.

Darin spiegelt sich noch immer die Grausamkeit alter Zeiten, die der Stoff der gelungenen Werke war. Solange man sich nicht gesamtgesellschaftlich mit einer badewasserartig temperierten Kultur zufrieden gibt und eben nur Qualität verlangt, sondern es noch immer wirklich wissen will, solange muß man auch die Unmenschlichkeit des Unterscheidens auf sich nehmen und sie abbilden auf das, was tagtäglich gebaut wird und in erstickender Weise die Städte füllt.

Ich denke dabei auch an das, was ich zur Zeit in Berlin tue. Verzweiflung ist der Schatten jedes Engagements in einer politisch kulturellen Situation, in der mehr als Qualität offenbar nicht erreichbar ist. Unter dem Druck der Verhältnisse verschwinden auch aus Denkansätzen, die das Entwerfen entlasten und zu seinen extremen Möglichkeiten freistellen könnten, die widersprüchlichen, provozierenden Anlässe, und damit das Sprungbrett, von dem aus der Sprung gelingen könnte. Was in der Berliner Friedrichstadt vor sich geht, ist eine sinnlose Anhäufung von städtebaulichen Monstren, die mit dem amtlichen Zertifikat Qualitätsarchitektur versehen sind. Mehr als Qualität ist nicht nötig und offenbar nicht möglich. Es gibt die Architektur von ganz wenigen Großbüros, aus computerisierten Fertigteilen zusammengestückt, gebäudetechnisch ausgefuchst, nichts, was

man nicht hundertfach gesehen hätte, ohne Bezug auf den Ort, strukturlos, steril.
Die Friedrichstadt wird, wenn sie fertiggebaut sein wird, eines der langweiligsten Stadtzentren der Welt sein. Wir werden uns möglicherweise nach der Ruppigkeit der heutigen Leipziger Straße sehnen. Falls es zu einem solchen Ergebnis kommt, ist das Programm der ,kritischen Rekonstruktion' eben auch nur eine Architekturideologie – eine Macherideologie, die, wie andere auch, ihren Gegenstand routinemäßig verfehlt. Was man dagegenhalten muß, ist eine Übersetzung von Qualität, die auf einer ästhetisch aktuellen, in Bewegung befindlichen Architektur besteht. Da ist viel, oder letztendlich nur eines gefordert: Architektur soll wahrnehmbar sein, Architektur soll Gefühle zeigen, hervorrufen und weitertragen, Architektur soll körperlich sein, Architektur soll in Zeichen reden, die nicht austauschbar, sondern als Schlüssel dienlich sind.
Dieses ästhetische Programm betrifft, wie gesagt, nicht einmal die ganze Aufgabe der Architektur. Daneben gibt es die typologische Aufgabe: eine vergleichbare kritische Strittigkeit des Entwerfens zwischen baurechtlichen, sozialpolitischen Normen und Typisierungen einerseits und dem raumgreifenden Anspruch des flüssigen wirklichen Lebens andererseits. Ebenso gibt es die Aufgabe, sich an der technischen Entwicklung abzuarbeiten, in der kritischen Spannung zwischen affirmativem Technikdesign und einer kritischen Benutzung des technisch Möglichen. Beide Aufgaben haben genug Stoff zum Scheitern in sich und reichen aus, ein Architektenleben zu füllen. Das ästhetische Programm allein aber hat die merkwürdige Eigenschaft, die Architekturaufgabe auf die Spitze treiben zu wollen.
Man muß sich nun natürlich fragen, warum diese intellektuell starke, überzeugende Aufgabenstellung gesellschaftspolitisch nicht funktioniert. Die Antwort, daß so etwas in der Praxis nicht gebraucht wird, sagt nur die Hälfte. Die andere Seite ist, daß ästhetische Kompetenz und Ideologie der Moderne sich getrennt haben. Die ästhetische Anstrengung geht weiter, zwangsläufig, weil im nicht abbrechenden Modernisierungsprozeß, dem wir unterliegen, auch die Zerstörung des Sichtbaren und Körperlichen ständig weitergeht. Das will aber keiner wissen. Die Politik, der öffentliche Konsens, die vielen Wirtschafts- und Verbandsinteressen sind nicht an Verlustmeldungen interessiert. Sie legitimieren sich unverdrossen durch Berufung auf eine inzwischen zeit- und gegenstandslos gewordene Moderne, desto lauter, je deutlicher im übrigen wird, daß die Verluste der Moderne längst haushoch die Gewinne übersteigen.

Und dieser Legitimationszusammenhang funktioniert. Keiner will unmodern sein. So gehören in der öffentlichen Rederei Qualität und Moderne zueinander wie siamesische Zwillinge (und natürlich finden wir sie so auch im eingangs zitierten Verantwortungstext). Was hier geschieht, und als Veranstaltung so unglaublich erfolgreich ist, ist, ganz kurz, fast nur als Überschrift, gesagt, der Mißbrauch der Architektur als Zeichen von Modernität.

Dieses Zeichen gesellschaftlicher Modernität, die Architektur, wird immer dann vorgeführt, wenn gesellschaftliche Fortschritte dort, wo sie wirklich fällig wären und nachgewiesen werden müßten, nicht vorzeigbar sind. Da macht es wenig Unterschied, ob es um den Benutzer Staat oder den Benutzer private Unternehmen geht, oder um den Benutzer Architektenverband, Architektenkammer usw. Aber zweifellos ist der Mißbrauch in der Politik am deutlichsten. Es bleibt alles beim alten, aber die äußeren Formen müssen modern sein. Nichts eignet sich besser zum Beweis der eigenen Modernität, als das Errichten von Gebäuden, die zwar in einer längerfristigen gesellschaftspolitischen Perspektive weitgehend unbrauchbar sind, aber zweifelsfrei die Aufgeschlossenheit des Auftraggebers für zeitgenössische Designqualität dokumentieren.

Daher ist der Qualitätsstandpunkt so mächtig, so präpotent. Nichts einfacher, als sich von diesem erhabenen Standpunkt aus darüber zu erregen, daß jemand traditionell baut, daß er von etwas träumt, was nicht gleichgeschaltet ist mit dem internationalen Architekturgeschäft. Nur ein zwischen den Ereignissen merkliches Zögern vieler Architekten redet von dieser anderen Seite, vom Mangel an Gesellschaft, der Sehnsucht nach Auftraggebern, die wissen, wovon sie reden und mit denen zu verhandeln nicht klebriger wäre als ein Gang in den Puff; von der Sehnsucht nach Körperlichkeit des Gebauten, nach Verständigung mit den Nutzern, nach Gemeinsamkeit, danach, daß zwischen Menschen und Gebäuden wirklich etwas entsteht.

Gesellschaftlich erwünscht ist Architektur in der Tat nur als qualitätvolle Moderne, für eine Gesellschaft von ästhetisch Blinden, und in der Tat weiß ja jeder Investor oder Politiker, daß er gar nicht fehlgehen kann, wenn er das größte Büro beauftragt, weil das Ergebnis, das zählt, nicht Gebäudequalitäten sind, sondern das funktionierende Zeichen für Moderne. Es ist das Zeichen dafür, daß er selber modern ist, mit der Zeit geht, daß er die Coolheit der modernen Verhältnisse akzeptiert und verträgt und daß er nicht verdächtig ist, sich von Geschichte anfechten zu lassen. Wir bringen es fertig, selbst Konzentrationslager durch moderne Architektur gesellschaftsfähig zu machen.

5

Was ist also die Aufgabe der Architekturkritik? Sie soll, sagte ich anfangs, Ihnen, den Architekten, nützlich sein. Die Nützlichkeit müßte eigentlich darin bestehen, der Architektur gesellschaftliche Unterstützung zuzuführen, also eine Art Kurierdienst auszuüben in Sachen Getragensein durch die Gesellschaft, innerhalb derer und für die man arbeitet. Das bisher Gesagte war natürlich auch mal wieder nur reich an Hinweisen darauf, daß das und warum das so nicht funktioniert. Die Grenzen beschreibende Kritik könnte nach dem Letztgesagten sogar als Anleitung zum beruflichen Mißerfolg mißverstanden werden.

Darüber hinaus will es die Ironie des Schicksals, daß Sie heute für Ihren Preis der Architekturkritik einen Kritiker gegriffen haben, der so lange und auf so gespitzten Zehen auf jener Grenze zwischen der Gesellschaft und der Architektur (und Stadtplanung) gestanden hat, daß er inzwischen aus lauter Ungeduld das Gleichgewicht verloren hat und mitten unter die Macher gefallen ist. Er ist jetzt also selber in Ihrer Situation, hat mit den gleichen Schwierigkeiten zu tun, hängt unter der gleichen Zirkuskuppel; zeichnet Pläne auf Papier, bei denen jetzt endlich jeder von Ihnen sagen kann: Da haben wir ihn endlich, jetzt können wir ihn auch kritisieren.

Das ist gut so, aber ich verspreche mir und Ihnen, die Grenze nicht aus den Augen zu verlieren. Es sieht auch nicht so aus, daß meine Arbeitsweise so schnell unnütz werden würde, sehe ich auf das geballte Maß von städtebaulicher, teils auch architektonischer Dummheit, was zur Zeit wie in Berlin so überall sonst produziert wird. Es gibt keine Aussicht auf Erfolg, Sisyphos ist in der Tat der Held der Stunde.

Trotzdem, wir wollen alle etwas davon haben. Der Bezug auf eine kritische Grenze ist nicht so schnell abzugewöhnen, wenigstens nicht allen. Die damit verbundene Vorstellung, daß die Gesellschaft uns trägt, ist zu schön, als daß man auf sie verzichten könnte. Das wird auch nicht durchgestrichen durch die umgekehrt blickende Erkenntnis, daß wir in einer Situation sind, in der Gesellschaft selber, wie Geschichte, wie Körperlichkeit und anderes Überlebenswichtiges mehr, zu den aussterbenden Dingen zählt, zu den kostbaren Ressourcen, wo man die Tropfen zählen muß, genau wie bei den Altbauten. Deshalb ist der Ausblick auf die Grenze der Architektur trotz allem wichtig und hilfreich.

Die positive, kompetente Grenze der Architektur ist die Stadt. Überträgt man das, was bisher über das Verhältnis von Architektur und gesellschaftlichen Forderungen gesagt wurde, auf dieses konkretere Beziehungsfeld von Architektur und Stadt, dann ist unmittelbar einleuchtend, daß vieles, was in einer Architektenperspektive gut und richtig sein mag, in ihr nicht vollständig beurteilbar ist, weil es seinen wirklichen Gebrauchsort ja erst jenseits des Entwurfs hat, in der realen Stadt. Daß der Entwurf nach Kriterien der Profession, zumal als Planästhetik, überzeugt, ist nur eine Oberfläche.

Angekommen ist der Entwurf, wenn er – nicht einfach gebaut ist, wie die meisten Architekten denken, also möglichst reibungslos aus der Planform in eine reale Existenz 1:1 hinübergebracht, ohne daß man sich weiter darüber Gedanken machen muß, was es mit der Umgebung auf sich hat, sondern – in der realen, der gelebten Stadt angekommen ist. Erst wenn er seinen Sitz im Leben der Stadt gefunden hat, sehe ich, was er wirklich wert ist, sehe ich nicht nur, was er auf dem Papier ist und in der Zeitschrift, als Computersimulation und als Vorstellung in meinem Kopf, sondern was er als benutzter, von sich aus wirksamer Stadtbaustein ist.

Dieses Fenster hat die Kritik offenzuhalten. Sie hat in jeden Narzißmus des bloß Architektonischen hineinzurufen, daß die Architektur gebraucht wird und daß ihre Produkte von lebendigen Menschen benutzt werden, die darauf angewiesen sind, als Gesellschaft zu überleben, nicht als Freiwild auf den Siedlungsweiden der Moderne. Der eigentliche Architekturkritiker ist also die konkrete Grenze selbst, der konkrete gesellschaftliche Gebrauchszusammenhang – die wirkliche Stadt. Die Stadt ist die entscheidende Grenze der Architektur, denn sie ist, um einen Ausdruck von Marx zu variieren, der ideelle Gesamtkonsument, der Gebrauch des Entworfenen.

Ich danke Ihnen.

Nachweise

Warum ist die deutsche Architektur so subaltern?, Arch+ 19, 1993

Rückblick auf die Architektur der DDR, Arch+ 103, April 1990

Der Architekt – ein Ökologe? Deutscher Text des Beitrags in Lotus International 79, 1993

Zwischen Stadtplanung und Architektur, db 11/1991

Lehren einer Ausstellung, Bauwelt 44, 1991

Investitionsarchitektur und kommunale Leitbilder, gekürzte Fassung von: Architektonische Leitbilder und neue Urbanität, Der Architekt 3/1993

Unter Barbaren, Bauwelt 34, 1993

Wie lesbar ist die Geschichte?, Frankfurter Allgemeine Zeitung vom 20.1.1993

Zumutung Berliner Schloß – und wie man ihr begegnen könnte, unveröffentlichte, erweiterte Neufassung eines Beitrags für die Wochenpost, Oktober 1991

Die Aufgabe der Architekturkritik. Dankesrede anläßlich der Verleihung des BDA-Kritikerpreises im Bauhaus Dessau, Der Architekt 10, 1992

Bauwelt Fundamente

(lieferbare Titel)

1 Ulrich Conrads (Hrsg.), Programme und Manifeste zur Architektur des 20. Jahrhunderts

2 Le Corbusier, 1922 – Ausblick auf eine Architektur

3 Werner Hegemann, 1930 – Das steinerne Berlin

4 Jane Jacobs, Tod und Leben großer amerikanischer Städte

12 Le Corbusier, 1929 – Feststellungen

14 El Lissitzky, 1929 – Rußland: Architektur für eine Weltrevolution

16 Kevin Lynch, Das Bild der Stadt

20 Erich Schild, Zwischen Glaspalast und Palais des Illusions

24 Felix Schwarz und Frank Gloor (Hrsg.), „Die Form" – Stimme des Deutschen Werkbundes 1925–1934

36 John K. Friend und W. Neil Jessop (Hrsg.), Entscheidungsstrategie in Stadtplanung und Verwaltung

40 Bernd Hamm, Betrifft: Nachbarschaft

50 Robert Venturi, Komplexität und Widerspruch in der Architektur

51 Rudolf Schwarz, Wegweisung der Technik und andere Schriften zum Neuen Bauen 1926–1961

53 Robert Venturi, Denise Scott Brown und Steven Izenour, Lernen von Las Vegas

56 Thilo Hilpert (Hrsg.), Le Corbusiers „Charta von Athen". Texte und Dokumente. Kritische Neuausgabe

57 Max Onsell, Ausdruck und Wirklichkeit

58 Heinz Quitzsch, Gottfried Semper – Praktische Ästhetik und politischer Kampf

60 Bernard Stoloff, Die Affaire Ledoux

65 William Hubbard, Architektur und Konvention

67 Gilles Barbey, WohnHaft

68 Christoph Hackelsberger, Plädoyer für eine Befreiung des Wohnens aus den Zwängen sinnloser Perfektion

69 Giulio Carlo Argan, Gropius und das Bauhaus

70 Henry-Russell Hitchcock und Philip Johnson, Der Internationale Stil – 1932

71 Lars Lerup, Das Unfertige bauen

72 Alexander Tzonis und Liane Lefaivre, Das Klassische in der Architektur

73 Elisabeth Blum, Le Corbusiers Wege
74 Walter Schönwandt, Denkfallen beim Planen
75 Robert Seitz und Heinz Zucker (Hrsg.), Um uns die Stadt
76 Walter Ehlers, Gernot Feldhusen und Carl Steckeweh (Hrsg.), CAD: Architektur automatisch?
78 Dieter Hoffmann-Axthelm, Wie kommt die Geschichte ins Entwerfen?
79 Christoph Hackelsberger, Beton: Stein der Weisen?
82 Klaus Jan Philipp (Hrsg.), Revolutionsarchitektur
83 Christoph Feldtkeller, Der architektonische Raum: eine Fiktion
84 Wilhelm Kücker, Die verlorene Unschuld der Architektur
87 Georges Teyssot, Die Krankheit des Domizils
88 Leopold Ziegler, Florentinische Introduktion
89 Reyner Banham, Theorie und Gestaltung im Ersten Maschinenzeitalter
90 Gert Kähler (Hrsg.), Dekonstruktion? Dekonstruktivismus?
91 Christoph Hackelsberger, Hundert Jahre deutsche Wohnmisere – und kein Ende?
92 Adolf Max Vogt, Russische und französische Revolutionsarchitektur 1917 · 1789
93 Klaus Novy und Felix Zwoch (Hrsg.), Nachdenken über Städtebau
94 Mensch und Raum. Das Darmstädter Gespräch 1951
95 Andreas Schätzke, Zwischen Bauhaus und Stalinallee
96 Goerd Peschken, Baugeschichte politisch
97 Gert Kähler (Hrsg.), Schräge Architektur und aufrechter Gang
98 Hans Christian Harten, Transformation und Utopie des Raums in der Französischen Revolution
99 Kristiana Hartmann (Hrsg.), trotzdem modern
100 Magdalena Droste, Winfried Nerdinger, Hilde Strohl und Ulrich Conrads, Die Bauhaus-Debatte 1953
101 Ulf Jonak, Kopfbauten. Ansichten und Abrisse gegenwärtiger Architektur
102 Gerhard Fehl, Kleinstadt, Steildach, Volksgemeinschaft
103 Franziska Bollerey (Hrsg.), Zwischen de Stijl und CIAM (in Vorbereitung)
104 Gert Kähler (Hrsg.), Einfach schwierig
105 Sima Ingberman, ABC. Internationale Konstruktivistische Architektur 1922–1939 (in Vorbereitung)
106 Martin Pawley, Theorie und Entwurf im zweiten Maschinenzeitalter (in Vorbereitung)
107 Gerhard Boeddinghaus (Hrsg.), Gesellschaft durch Dichte
108 Dieter Hoffmann-Axthelm, Die Rettung der Architektur vor sich selbst

CPSIA information can be obtained at www.ICGtesting.com
Printed in the USA
LVOW05s0852141114

413692LV00006B/21/P

9 783764 363833